Idea man

Idea man

Idea man

話し方の正解 誰とでもうまくいく人の55のルール

一開口，就把話
說到對方心坎上的55個方法

話術專家·日本能力開發推進協會上級心理諮商師
桐生稔——著

林慧雯——譯

前言

說話方式其實有所謂的正確解答。

也許有人會質疑：

「說話怎麼可能會有正確解答？」

現在就讓我稍作說明。

在這個世界上，的確有人可以「跟每個人相處都無往不利」。例如：

- **跟他說話總是如沐春風。**
- **只要有他在場，整個氣氛都會變得活潑起來。**
- **不知為何總會讓人樂意幫助他。**

回過神來，整個場合總是以那個人為中心進行交談。

為什麼有人可以做到這種程度呢？答案很簡單。

那是因為「他正在實踐，一開口就把話說到對方心坎上的說話術」。

他很清楚能讓別人感到如沐春風的機制、讓人喜悅的對話過程、使人不禁想幫助他的說話技巧，以及把話說得深入人心的方法，這麼一來，自然而然就能掌握對話的節奏。

我本來是一個很不會說話的人，也曾因此吃過不少苦頭。我這麼說並不是想藉此博得讀者的同情，而是我真的曾經為此苦惱不已。

我在學生時代從鄉下來到東京時，不但完全沒有認識的人，而且還非常怕生，有時候一整天都沒跟別人說上一句話。

當我出社會開始工作後，還曾經因為不善於推銷話術而遭到貶職。

事實上，我怕生的毛病到現在依然沒有解決。如果有認識的人從前方迎面而來，我還是會有一瞬間想要裝作沒看見、就這樣直接走過去。雖然我還是會面帶微笑地向對方打招呼，但我覺得自己真的是一個膽小鬼。

這本書裡應該隨處都透露出我的不足，不過就連這麼膽小怕生的我，都可以走遍日本全國推廣說話術學校、讓五萬人參與我的研討會及講座、出版著書累積銷售十七萬本，這些成績全都是因為我將把話說到心坎上的技巧公諸於世的緣故。

在這裡，我要先告訴大家這本書的結論。

想要建構出無往不利的人際關係，並不是藉由學習說話術就能辦到。

而是**透視對方的腦海**。

一說到透視，也許大家會以為是什麼科幻情節還是算命師？

其實並非如此。

我指的是要想像對方的腦海裡在想什麼；觀察推測對方想做什麼、期待什麼、希望別人對他說什麼。

不僅如此，還要在話中提及就連他自己都還沒察覺到的潛力。

如果可以做到這些，人際關係就能無往不利。

只要有人做了自己希望對方做的事，人就會因此感到喜悅，若能再進一步感受到自己的潛力，更會雀躍不已。若是仔細拆解那些無往不利的人所說出來的對話，便會發現他的用字遣詞都很溫暖人心。如果能將溫暖的話語傳達給對方，對方也會將溫暖的話語回饋給自己。

只要像這樣以暖心的言語互相交流情感，自然就能構築出良好的人際關係了。

在前言的開頭，我就先告訴大家「說話方式其實有所謂的正確解答」。只不過，正確解答是在**「對方的腦海中」**。

只要能掌握對方腦海中的正確解答，用來炒熱對話，就可以達到你的目的。這麼做非但不會讓對方產生不好的感覺，更能引導對方朝向你預期的方向。

「想像對方的腦海在想什麼」乍看之下或許感覺很難。

但事實上，想像是一件每個人每天都會做的事。

「幾點要出門才趕得上時間呢？」、「今天午餐要吃什麼？」、「周末要如何度過？」、「我最喜歡的那個人現在在做什麼呢？」

人類隨時隨地都在想像，只要把這個能力運用在平時的對話就行了。

請大家試著想像，如果自己能擁有受到大多數人喜歡、愛戴、隨時隨地都能得到旁人協助的人生，該有多好呢？

只要透過對話，就能實現如此美好的人生。

大家準備好了嗎？

現在就開始學習說話方式的正確解答，一開口就把話說到對方心坎上，一同開拓無往不利的人生吧！

Motivation & Communication股份公司董事長　桐生稔

目次

第一章

「不同的說話方式」會大幅改變人生

第二章

對任何人都無往不利的說話方式

第三章 在工作上開花結果的說話方式

第四章

讓人際關係越來越圓滑的說話方式

第五章

遠距時代的說話方式

本書的使用方式

首先，在此為大家整理這本書的重點。

目標：學會一開口就把話說到對方心坎上的說話方式。

概念：自然而然掌握說話節奏。

方法：

明確掌握自己的主軸（定位）

⬅

想像對方的腦海（做法）

⬅

自然引導對方往自己預期的方向（活用法）

先掌握上述重點，就能迅速吸收本書的內容。請大家盡情運用一開口就把話說到對方心坎上的說話方式吧！

第一章

「不同的說話方式」會大幅改變人生

無論是菜鳥或高層都不擅長說話的原因

我想先問大家一個問題。

「一千兩百個小時」。

大家會想到什麼呢？

這似乎是日本人從國中到高中花在學習英語的時間。

那麼，你以前花了多少時間在學習「說話方式」呢？

假設你曾參加過五次說話術講座好了。

此外，你也閱讀過五本關於說話術的書。

一次講座如果以一小時來計算，總共是五小時；閱讀一本書可能需要花三小時，那麼總共是十五個小時，這些全部加起來總共二十個小時。光是這樣你可能就覺得已經學到不少技巧了，但若是跟學習英語的一千兩百個小時相比，二十個小時只不過是百分之**一點七**而已。

大家不覺得很不可思議嗎？

「說話」是大家每天都會做的事，誰也不會去刻意學習。

即使是出了社會，不知為何大家都寧願花費好幾十萬日圓學習英語會話，也不會花金錢與時間學習說話與溝通。

這就是為什麼很多人都對說話感到苦惱。

換句話說，因為平常**沒有在學習說話**。

在我的公司裡有一百位講師，從剛出社會的菜鳥到公司高層、從學生到退休人士，都來向我們諮詢有關說話方式的技巧。

大家主要向我們諮詢的煩惱如下：

- **沒辦法用言語好好表達心裡想的事。**
- **不擅長整理並傳達自己想說的話。**
- **別人若是突然跟自己說話，就會回答不上來。**
- **在別人面前說話時總是很緊張。**
- **不擅長跟剛認識的人說話。**

●沒辦法持續閒聊。

你是不是也被說中了一、兩個呢？

其實，幾乎所有人都對說話及溝通，抱持著相同的煩惱。

而這些煩惱跟公司規模、自己在公司裡的地位，毫無關聯。

當然也跟地區無關。

這些煩惱並不會因為身處東京或在沖繩而有所差異，大家的煩惱都一樣。

要再更進一步說的話，即使是住在國外的日本人，也對說話與溝通感到煩惱。

最近也有越來越多人從國外利用網路，參加我們的研討會。

無論是美國、巴西、法國、英國、新加坡……大家都很苦惱於不知道該怎麼好好把話說好。

所以，我想要大聲告訴大家：

一起來學習好好說話吧！

因為大家都很煩惱不知道該怎麼好好說話，卻從來沒有人真正學習過該怎麼好好把話說好。只要學會了說話的技巧，跟旁人的溝通就會變得更圓滑，個人價值也會跟著水漲船高。

「把焦點放在說話上就容易失敗」

有些人會說：

「我讀了很多本關於說話術的書。」

「我聽了很多場講座。」

「但還是沒辦法好好溝通……」

原因再清楚不過了。

坊間所強調的「說話訓練」，是把焦點放在說話本身。

「從結論開始說、有條理地說、流暢地說。」這些一點也不重要。

因為對說話者而言，最重要的是——

「想像對方的腦海。」

不管你說得再清楚、再簡潔易懂，如果不是對方心裡想聽的話，很快對方就會翻臉不認人：「我才沒聽過這種事！」反之，只要你說的是對方感興趣的事，就算講得再沒條理，對方都會很願意聆聽。

「自己想說的話」與「對方想聽的話」是截然不同的。

其實，沒幾個人可以做到下列幾點：

- **提出對方期望的事。**
- **以對方想聽的順序說話。**
- **了解對方想聽什麼、知道要怎麼說才能讓對方高興。**
- **知道怎麼提問才能讓對方容易回答、怎麼詢問對方才能自然炒熱氣氛。**
- **用心鋪陳話語讓彼此不至於吵起來、警告對方後還會再加上一句關心。**

人類只要遇到了可以理解自己的人，就會無條件敞開心扉。

這是因為我們從狩獵時代開始，就是與別人一起同心協力，抵禦飢餓與強敵的侵襲，守護自身的生命安全。只要身邊有同伴，人類就會感到喜悅。

只要能讓對方敞開心扉，就可以順暢地傳達自己的想法。這麼一來，你自然而然就可以掌握對話的節奏。

下列這幾句話，會在本書不斷地出現：

「以對方為主。」

「站在對方的立場。」

「想像對方的腦海。」

「以對方為依據。」

因為這些正是**說話者必須掌握的基礎**。

在說話時若是沒有掌握這些基礎，就好像不知道規則的棒球選手站上投手丘、連六法全書都沒有就要接受司法考試的考生一樣。

不過說話的技巧，並沒有像棒球規則或六法全書那麼困難。

因為人心可以依循理論，整理出一套模式。

我們稱之為「心理」，也就是心動的理由。

了解對方的心理，便能自然而然掌握對話節奏，無論於公於私，都能獲得驚人的成效——這就是本書最大的功用。

「無需害怕被對方「討厭」」

「想像對方的腦海非常重要。」

相信大家應該都很了解這句話的意思了。

不過，也許會有人想問：

「難道我必須想像所有人的腦海嗎？」

公司同事、客戶、朋友、不熟的人、鄰居、在聚會上認識的人……如果要想像所有人的腦海才能說話，每天都會過得疲憊不堪、非常辛苦。

據說，人類的大腦一天會消耗四百大卡的熱量，這跟走路兩小時所消耗的熱量相同。

思考是一件非常耗費腦力的行為。

如果要想像眼前所有人的腦海、再建構出對話，大腦絕對受不了。想像所有人的腦海，基本上是一件不可能的事。

那麼，你應該要想像誰的腦海才對呢？

答案是……

對自己的人生而言重要的人。

這就是解答。

人生只有一次，時間是很寶貴的資源。

正因為如此，你才應該精選出對自己人生最重要的人，徹底「想像對方的腦海」。

這裡的**關鍵在於，你認為什麼才「重要」**。

這就是你這個人的**「主軸」**。

- **我想活出怎樣的人生。**
- **我想成為怎樣的人。**
- **我想重視怎樣的價值觀。**

在你心中應該有某些想法，掌握了你的人生方向。

這就是你這個人的「主軸」。

或許也有人會疑惑：「主軸是什麼意思……」那麼不妨將主軸換成**「堅持」**。

舉例來說：

「己所不欲，勿施於人。」

「受人恩惠必言謝。」

「無論對方地位高低，都要主動向對方打招呼。」

「造成別人困擾時一定會道歉。」

「受人點滴，必湧泉以報。」

這些都是一個人的主軸。

與你擁有同樣主軸的人，就是在你人生中重要的人。

如果你身旁有這樣的人，請徹底想像對方的腦海。

他們就是你該緊密聯繫的人。

反之，即使是同公司裡的同事，如果對方的主軸跟你完全不同，也不必與他有深入往來，在不引起風波的程度下忽略對方也無妨。

要是公司裡都是些與自己主軸截然不同的人，那我認為你應該要儘早換工作比較好。

如果是身處於與自己主軸不同的團體，最好也要儘早抽身。

那些會妨礙你自身主軸的人，與他們對話越多、人生就會變得越不長久。

另一方面，如果你還不清楚自己的主軸，就算遇到了討厭的主管、朋友以高高在上的態度對待自己，也可以把這些都當成是一種訓練，試著想像對方的腦海。

接觸了各式各樣的想法後，你一定可以釐清自己的主軸。

當你擁有主軸後，就不會再有人試圖煽動你、瞧不起你、以高高在上的態度對待你、看輕你。

因為你已經明白**「每個人都不一樣」**。

斷定一個人的好壞，只會讓自己生氣而已。

你只要記住「每個人的思考方式都不一樣」就好。

舉例來說，我跟巴布亞紐幾內亞人的思考方式及價值觀都天差地遠，但我不會為了這些差異而一一生氣。

只是每個人都不同罷了，就這麼簡單。

這就是我說的，**只要擁有主軸，就沒必要害怕**。因為每個人都不一樣，就算被別人討厭也是無可奈何。倒不如說差異越是顯著，紛爭反而越少。

接下來我要舉我自己為例，我從小就被教育：「別人問話一定要回答」。這在商場上，是基礎中的基礎。

也因此，平時會表現出下列態度的人沒辦法取信於我。

- **別人問話卻不理不回。**
- **收到工作郵件卻不回信。**
- **拖延工作期限、沒回覆郵件卻一點也不愧咎。**

打從一開始，我就告訴公司裡的每一位講師：「我沒辦法跟已讀不回的人一起工作。」雖然有人因為對這項要求反感而離職，我也是無可奈何。

我不會認為這是因為我「被討厭」了，只不過是大家想法不同罷了。

你的主軸是什麼呢？

在工作上你是否有所堅持、有沒有自己的規則呢？

請大家想想看，當你掌握自己的定位、確立自己的主軸後，**你跟誰的對話內容會變得豐富起來呢？**

毅然決然下定決心後，就開始徹底想像對方的腦海吧！

本書的方法

1. 明確掌握自己的主軸
2. 想像對方的腦海
3. 自然引導對方往自己預期的方向

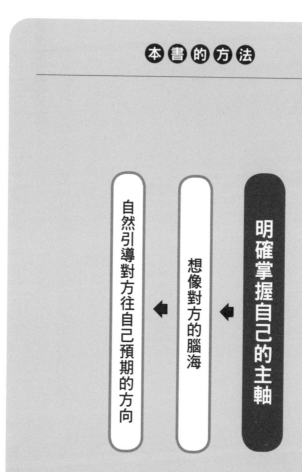

「討人喜歡的人與討人厭的人，差異在於？」

人類是一種很任性的動物。

每個人都只想說自己想說的話、聽自己想聽的事，這就是事實。

換句話說，討人喜歡的人最擅長這兩件事：

「察覺對方想說什麼」

「察覺對方想聽什麼」

這種人就連日常生活中隨口一句話，都與別人截然不同。

舉個例子，如果是只會打擊下屬士氣的糟糕主管會這樣問：

「這個月的業績離目標還遠得很，怎麼會這樣？」

聽到主管這樣問，下屬就會感覺自己受到責備，只能結結巴巴地回：「呃，那個……」很難好好回覆主管。

但如果是能夠想像下屬腦海的主管，則會這麼問：

「這個月的業績離目標還很遠呢，客戶那邊發生什麼事了嗎？」

這麼一來，下屬就能輕易開口與主管討論：「其實是因為……」

這就是**「籠統提問」與「具體提問」**之間的差異。

如果用「怎麼會這樣？」這種籠統的提問來詢問原本就難以回覆的問題，只會讓人更答不上來而已。

不過，如果能具體地詢問下屬：「客戶那邊發生什麼事了嗎？」下屬回答起來便容易多了。這也是讓對方輕鬆回話的技巧之一。

再舉個例子，假設有人昨天被請了一頓大餐。

討人厭的人只會說一句：「昨天有人請我吃了一頓大餐。」

可是，討人喜歡的人則會說：「昨天有人請我吃了一頓大餐，我第一次品嘗到如此入口即化的厚切牛舌！」除了提到大餐之外，還會再加上一段自己的感受。

這麼一來，就更能將美味的印象傳遞給對方了。

此外，在誇獎別人時，如果只會用「這套西裝很好看呢！」來稱讚外表，這個人的想像力顯然很低落。

如果換個說法：「這套西裝很有品味」，用「品味」連帶稱讚到對方的內在，這麼一來受到稱讚的人就會對你很有好感。

這是因為人類只要被誇獎到內涵，就會覺得別人有認真觀察自己。

「山田部長，是不是差不多該跟佐藤商事約時間了呢？」

會這樣提案的下屬，工作一定很能幹。因為他會先做對方希望他做的事。

像這樣的例子多不勝數。只要能想像對方的腦海，再多加一句話，就可以讓對方的心情變好。

反之，討人厭的人則有下列這些特質：

- **反應遲鈍。**
- **觀察不入微。**
- **不會察言觀色。**

這三大缺點就是討人厭的關鍵。

想要討人喜歡，不需要有其他特別的才能。

只要稍微試著窺探對方的腦海就夠了。

接下來，我想跟大家分享一個顧問朋友告訴我的故事。

他有一個客戶是專門販售「維護腸道健康營養品」的公司。

他們公司販售的營養補充品含有五兆個腸道菌，以及二十種比菲德氏菌，對腸道健康極有幫助。而且一個月只要花費一千日圓就能購入，價格非常便宜。

但是，這家營養品公司卻表示：「我們明明強調了營養品的各種優點，卻完全賣不出去……」因此來向顧問諮商。

如果是你，你會怎麼銷售這款營養品呢？

這位顧問思考了幾分鐘，告訴客戶：

「比起強調五兆個腸道菌、二十種比菲德氏菌……不如這樣說吧！『你的屁味一直揮之不去嗎？』」

我一聽就聯想到：「所謂想像對方的腦海，就是這麼回事！」

大家都想找出可以解決目前困擾的方法。只要能一針見血地解決消費者的困擾，就可以掀起熱銷風潮。

從別人嘴裡說出來，感覺十分理所當然，可是自己卻會因為受限於自己想說的話，遲遲無法提出這樣的構想。

後來，這款營養品果然一舉爆紅熱賣。

只要花短短幾分鐘，甚至是幾秒鐘，與別人溝通前不妨稍微花點時間，試著思考看看對方想聽的是什麼？在筆記本做個記錄吧！

以條列的方式，寫出三到五個左右就夠了。

只要花短短的時間，應該就足以醞釀出令對方滿心愉悅的話語了。

本書的方法

明確掌握自己的主軸

←

想像對方的腦海

←

自然引導對方往自己預期的方向

「其實，沒有很會說話也沒關係？」

我念大學時，曾做過幫ＫＴＶ拉客的打工。

簡單來說，就是在馬路上詢問路人：「要不要來ＫＴＶ唱歌？」，然後把客人帶進店裡。

雖然現在法律已經規定店家不可以拉客了，不過二十年前的路上到處都是這種打工仔。

天性怕生的我，怎麼會去做這種拉客的工作呢？

當時因為有前輩找我：「有份打工的薪水很高唷！」，畢竟是前輩介紹的工作，我也就毅然決然去做。

負責拉客的人包括我共有三十個人左右，其中也有很多人是那種很會說話的類型。不過，拉客拉得最多的人，並不是那些很會說話的人。

究竟是哪種人最會拉客呢？

就是**會說對方想聽的話的人**。

拉不動客人的人，從頭到尾只會說一句：「要不要來KTV唱歌？」大部分的人聽到這句話，都會直接選擇略過。

很會拉客的人則會這樣說：

「大家氣氛很嗨耶，不如趁現在去KTV唱歌吧？」

而且是用跟路人一樣嗨的語調說話。

雖然有些人還是會回「不用了」，但在這樣的話術下真的有很多人會回答：「嗯。」、「這個嘛……」。

接下來就可以繼續說下去：

打工仔：「你們應該想找有喝到飽的店吧？」

客人：「這個嘛……」

打工仔：「有打折不是很讚嗎！」

客人：「嗯。」

打工仔：「現在不必等就可以直接進去唷！」

客人：「好啊。」

讓對方處於完全不必思考的情況下，就可以繼續把後面的話說完。

完全不需要很會說話。

只要向對方說出他想聽的話，就能自然而然引導對方往自己預期的方向前進，掌握整個對話的節奏。

這樣的話術在任何情況下都能適用。

舉例來說，如果是一位超人氣按摩師在面對客人時可以這麼說：

「咦？您似乎非常疲憊呢！」

「您竟然能忍耐到現在。」

「您應該很不舒服吧！」

如果按摩師這樣對客人說，大部分的客人都會回答：「是啊，真的很不舒服……」

客人在這當下會因為感覺按摩師很了解自己，而為此感到高興。

接下來，客人就會開始告訴按摩師：「其實不只是背後，我的腰也很痠痛……」

一一吐露自己的煩惱。

這麼一來，就輪到按摩師掌握整個對話節奏了。

「您的背痛其實是受到頸部的影響，雖然我今天幫您好好調整回來了，但大概一週後又會開始痛了，請您一週後再過來看看吧！」

只要這麼一說，大部分的客人都會繼續預約下一週的療程。

掌握節奏，乍聽之下或許會給人一種在玩弄對方的感覺。但事實上，無論是任何場合，都需要一個可以掌握節奏的人。

在合奏或合唱時，掌握節奏的人就是指揮。指揮必須掌控所有人的節奏，引領合奏與合唱發出優美的旋律。

在公司裡開會也是如此。若是沒有一個能掌握節奏的人，大家只會各自發表自己想說的話，讓會議毫無共識地結束。

還有，在公司推動計畫時也是一樣，必須有人設定目標、管理進度，掌握整體節奏，否則計畫不可能順利進行。

或許有人會問：「只不過是閒聊而已，有必要掌握節奏嗎？」

當然有需要。

在多人聊天的場合中，也需要有一個人可以調整節奏與步調，顧及所有人的感受、適時提供話題、拋出問題，讓整個場合變得輕鬆又舒適。

而在只有兩人閒聊時，比起正在說話的那個人，其實負責聆聽的人才是掌握節奏

的那個人。

只要問對方一句：「你在休假時會去戶外玩嗎？」就可以帶起話題。

所以，提問的人才是掌握節奏的那個人。

從第二章開始，我會依照日常生活中的各種場景，告訴大家如何自然而然掌握對話節奏的具體方法。

本書的方法

明確掌握自己的主軸

⬅

想像對方的腦海

⬅

自然引導對方往自己預期的方向

第二章

對任何人都無往不利的說話方式

方法 1

擅長掌握對話節奏的人，下意識會做的是？

要自然而然掌握對話節奏，就必須以對方為中心來鋪陳對話。

簡而言之，就是**看穿對方想說什麼，並主動詢問**。

可能會有人懷疑：「這真的有可能做到嗎？」

就結論而言，只要經過訓練就一定可以做得到。

也就是訓練**「if you」的思考方式**。

所謂的「if you」訓練法，就是思考「如果是你的話？」，在說出對方想聽的話之前，先想想看：「如果是自己，會想要聽到什麼樣的話呢？」

這就是訓練自己思考對方腦海的方法。

現在我要出兩個題目給大家。

請大家當作是練習，試著思考看看吧！

例1

假設你被醫師告知：「要是不減十公斤，一年後就會因糖尿病而離開人世。」

你會希望醫師用什麼方式告訴你這個事實呢？

★思考時間：請你思考十秒。

如果是我，我會希望醫師這樣告訴我：

「桐生先生，您還有很多該做的事還沒做，現在還不到離開的時候，請您想辦法在一年內減重十公斤吧！」

要是醫師這樣對我說，我肯定能燃起鬥志。

如果是你，你希望醫師怎麼跟你說呢？

例2

你在工作上犯了錯，主管非常生氣。

你希望主管用什麼樣的方式對你發火呢？

★思考時間：請你思考十秒。

如果是我，我會希望主管這樣責備我：

「我現在非常生氣。像你這樣的人竟然會犯這種錯，發生什麼事了嗎？」

雖然主管是在對我生氣，但這樣好像會有種受到肯定的感覺。

心理學中的「空椅療法」

這就是心理學中的「空椅療法」。

假設在你眼前有一張空座椅，讓自己坐進那張椅子，思考「如果是自己會怎麼想」。如果是思考自己會怎麼想，應該每個人都可以輕鬆想像吧！

接下來再讓對方坐進那張椅子，思考「對方會怎麼想」。先想想看自己、再想想看對方，藉此培養想像力。反覆練習後，便能強化大腦中的神經元突觸，讓想像成為習慣。

最重要的**並不是傳達得多好，而是有沒有傳達給對方**。

「傳達」與「傳播」是完全不同的層次。雖然只有一字之差，但含意是天壤之別。「傳達」與「傳播」究竟有何差異呢？接下來我就要清楚說明這兩者之間的差異。

說話方式的正解

從「if you（如果是你的話？）」開始馳騁想像力。

方法

2

凡人說話是傳達，達人說話是傳播

「傳達」與「傳播」的差異是什麼呢？「傳達」是單方面闡述自己的想法，主角是自己；而「傳播」則是對方接收到訊息的狀態，主角是對方。

這麼說想必大家還是似懂非懂……接下來我會說明得再具體一些。

在我經營的說話術學校中，針對「傳達」與「傳播」下了明確的定義。關鍵就在於**對方的反應**。

如果對方沒有反應，那就是只有「傳達」；若對方做出了反應，那就是「傳播」。

舉例來說，有人在朝會上呼籲大家：「一起有精神地互道早安吧！」

現場卻沒有一個人照做。那麼這就是傳達而已，而非傳播。

如果大家真的很有精神地互道早安，那就可以說是傳播了。

跑業務也是如此。大家在跑業務時，最希望客戶做出的反應就是實際下單了。要是客戶表示「我會考慮」，那就表示業務員只傳達了產品的內容，而沒有真正把產品的優點傳播給客戶。如果主管要求下屬：「想出好點子做成資料」，但下屬若只交出普通的報告，那就表示主管的話並沒有傳播給下屬。

讓對方產生反應，就是「傳播」帶來的影響。或許大家會覺得難度很高，不過，要分辨自己究竟是「傳達」還是「傳播」，只要看看對方的反應就能一目了然。

究竟要如何讓對方產生反應呢？關鍵依然是人類的心理。

因為「**人類對於自己想像不出來的事不會有反應**」。

為什麼人類身處一片漆黑中會一動也不敢動呢？因為人們無法想像自己腳下的路會是什麼模樣。

要是突然被問到：「禮拜六晚上有空嗎？」大家應該也會很難回答，因為一時之間沒辦法記起來那個時間要做什麼事。

同樣的，要參考別人的提案或購買商品時，人們只要遇到自己想像不出來的事物，就不會產生反應。換句話說，若是希望對方有所反應，只要讓對方想像得出來就行了。

那麼該怎麼做才能讓對方想像得出來呢？只要明確告訴對方這兩件事：

「What（什麼事）」

「Will be（會怎麼樣）」

以剛才舉過的朝會為例：

▼▼▼在朝會中呼籲互道早安的場合

「What（什麼事）」……一起有精神地互道早安吧！

「Will be（會怎麼樣）」……很有精神地互道早安後，便能帶走壞心情，工作起來也會變得愉快多了！

▼▼▼汽車經銷商在銷售車款的場合

「What（什麼事）」……建議購入TOYOTA多功能休旅車「Alphard」。

「Will be（會怎麼樣）」……擁有三排座椅的大空間，就算以後家人增加也能舒適搭乘。

▼▼▼**主管要求下屬：「想出好點子做成資料」**

「What（什麼事）」……這次要做出適合年輕人使用的APP。

「Will be（會怎麼樣）」……要做出讓十幾二十歲的年輕人每天都想使用的APP。

在英文中，動機（motivation）這個字的語源是拉丁語的「move」。也就是「動」的意思。可以加強動機的人，就是可以促使對方有所行動的人。知道你的目的之後，未來會怎麼樣呢？**答案就是讓對方想像「Will be」**。接著，就像是在對方的腦海中描繪一張照片般，讓對方開始想像。如果可以做到這件事，那就代表你不只是「傳達」，而是能夠「傳播」。

說話方式的正解

用「Will be（會怎麼樣）」促使對方做出反應。

方法 3

讓對話有來有往的基本訣竅是？

「我很不會隨便閒聊……」
「面對第一次見面的人，不知道該說什麼……」
「只說了一兩句話，對話就說不下去了……」

很多人從日本各地向我們諮詢上述煩惱。大部分苦惱不已的人，似乎都把焦點放在「該如何找話題」、「維持對話的訣竅」、「聊天梗」。

但其實這些都不重要，重要的是人類真正在乎的事物。

人們在乎的不是對話的內容，而是**「感受到什麼樣的情感」**。

舉例來說，大家應該都還記得學生時期曾跟朋友開心地聊天聊到半夜，但具體聊了些什麼，應該都不記得了吧。

當我還是學生時，每天都會跟朋友去固定的咖啡店，點一杯冰咖啡就坐上大半天。雖然咖啡店老闆應該很討厭我們，但當時跟朋友東扯西聊真的很開心。儘管我現在一點也不記得當時到底聊了些什麼。

跟喜歡的人一起去看電影也是一樣，儘管不記得電影內容，但我們會一直記得當初一起看電影的美好回憶。

人類的大腦中有個被稱為杏仁核的部位，負責產生情緒。動物的大腦中都有杏仁核。雖然人類在發展時漸漸長出了負責掌控思考的前額葉皮質，不過大腦中最原始的還是情緒。情緒會動得比思考更快。

也就是說，要讓對話有來有往的訣竅並不是說出有趣的話題，而是**營造出愉快的氛圍**。

為了營造出愉快的氛圍，有三件事是每個人都可以立刻做到的。

這三件事都非常容易。

▼▼▼營造出愉快氛圍的三個訣竅

❶擺出愉快的表情

所謂愉快的表情，就是經常面帶微笑。無論對方是誰，若是當下沒有話要說，也不必硬說。只要待在旁邊保持微笑就可以了。

例如與主管一起搭電車時，就算沒有什麼特別的話好說，也只要面帶微笑地待在旁邊就好。當主管看到身旁的你擺出如插圖般的表情，也會不禁露出微笑。

❷使用愉快的字句

說話時面帶微笑

對你而言，有沒有什麼字眼是只要一說出口，

「愉快」

「興奮」

「歡樂」

這些感受就會湧上心頭的呢？

對我來說，「太棒了」就是這樣的字眼，每次一說出口就會讓我心情變好，所以我常會說出口。

「我上禮拜久違地去打了高爾夫球。」↓「打高爾夫嗎？真是太棒了！」
「我找到一間專門賣日本酒的居酒屋。」↓「天氣冷喝日本酒真是太棒了！」
「我最近又開始跑步了。」↓「可以動動身體真是太棒了！」

此外，「好驚人」、「真興奮」、「很幸福耶」也都是我常用的字句。一開始先試著向對方傳達那些會讓你自己感到愉快的字句吧！

這麼一來，你的情感一定可以擴散給對方，讓對方也跟著愉快起來。

❸保持愉快的心情

最後，自己也要經常保持愉快的心情。

如果有人在旁邊哼歌，不禁會讓人很想問他：「是不是有什麼好事發生呢？」而且不知為何，自己也會跟著愉快起來。

面帶愉快的表情、說出令人愉快的字句，就好像是在哼歌一樣，自己就能取悅自己。

而心情愉快的人身邊，也會吸引更多的人靠近，就宛如蜜蜂看見了花蜜般吸引人心。

順道一提，我自己平時也經常哼歌。

當別人問我：「有什麼好事發生嗎？」我都回答：「沒什麼特別的事呀。」

雖然這樣可能會讓別人有點疑惑（笑），不過，就算沒什麼特別的事，我也會哼哼歌，讓自己的心情變好。

請大家不妨參考這個方法，為自己營造好心情吧！

說話方式的正解

讓對話有來有往的訣竅
就是自己先營造出愉快的心情。

方法 4

怎麼樣才是百分之百聆聽對方說話？

人類是一種很想傾訴自己的動物。

人們都希望別人可以「懂自己，了解自己」，這是因為人們渴望自己獲得肯定，本能上都希望別人聆聽。

聆聽的相反則是「無視」。不聽對方說話，就等於是無視對方。這無異於是否定對方這個人的存在。

現在這個時代越來越少人願意聆聽，甚至還出現了「出租聆聽服務」的行業，聆聽別人說話三十分鐘就可以賺到三千日圓。

正因為現在是這樣的時代，只要你能好好聆聽別人說話，對別人而言你就會顯得非常珍貴。

那麼，怎麼樣才算是百分之百聆聽對方說話呢？

在一般講述聆聽技巧的書籍與講座中，是這麼形容的：

「接受對方說的話。」

「理解對方說的話。」

「贊同對方。」

這些的確很重要，不過感覺似乎有點抽象，難以一目了然。

在我的說話學校中，會告訴大家具體的方法。

❶

一開始是這樣

❷

接下來彷彿是這樣

❸

最後變成這樣

所謂百分之百聆聽對方說話其實是這樣的。假設對方告訴你：「我昨天去聽了落語，真的很有趣。」

這樣大家明白了嗎？應該還是不太明白吧（笑）。

「要怎麼聆聽，對方才會感到高興呢？」

那就是**彷彿與對方擁有相同的體驗**一樣。

你並沒有跟對方一起去聽落語，但在聆聽時卻要在腦海中想像彷彿自己有跟對方一起去。

舉例來說，假設你正在聆聽同事的煩惱。

當同事對你說：「我又惹主管生氣了……」這時你如果回應：「哦，這樣啊！」感覺起來非常冷淡。

不過，如果你這時也在腦海中想像主管發怒的畫面，便能自然而然脫口而出：「哇！真的好可怕喔！」、「這樣真是太慘了」、「他沒有必要這麼生氣吧！」

又假設客戶向你吐露煩惱，此時要是你覺得這是個「大好機會」，就一個勁地向對方推銷，只會暴露出你的居心而已。

所謂百分之百聆聽對方說話，就是陪對方一起在腦海裡想像那件煩惱。

這樣一來，便能自然而然說出：

「原來曾發生過這種事呀！」、「你居然能連續聽兩小時的客訴！」、「你的耐性真令人佩服。」接著，你應該就能提出真正為對方著想的建議：「為了避免再接到同樣的客訴，感覺應該要換一個方式解決問題。」

在此我要做一個總結。

光用耳朵聆聽對方說話，只會失敗而已。聆聽時自己也要在腦海中想像對方說的話，這才是聆聽的關鍵。

所謂百分之百聆聽對方說話，就是一種**模擬體驗**。

儘管實際上跟對方並沒有同樣的體驗，也可以運用想像力將自己帶入對方的敘事中。這麼一來，便能瞬間加深你與對方的心靈連結。

說話方式的正解

聆聽時要在自己的腦海中想像對方敘述的場景。

方法 5

如何提問才能讓對方產生興趣？

你會先被哪一個圖形吸引？

這是一個很有名的實驗。當你看著上方的圖形時，會先被哪一個圖形吸引呢？

我想應該是右邊那個有缺口的圓形吧！

人的目光會被缺口給吸引，真是有趣的心理。

清少納言（譯註：日本平安時代女作家，著有《枕草子》）也曾說過：「比起滿月，帶有幾分缺口的弦月更有情韻。」而米羅的維納斯也是少了雙臂，卻更富有魅力。

人的目光會被有所欠缺的事物吸引。

這是因為人類有**想要填補空白**的心理所致。

在許多場景中都可以運用這個技巧來滿足人類的心理。

例如，電影的預告片中常會以「接下來會發生什麼事？」的段落作結，這正是製造出空白，讓人不禁開始好奇後續的手法。

在抽獎時，主辦方若是宣稱：「三獎是餐券，二獎是迪士尼樂園雙人套票，一獎……敬請期待！」這麼一來就會讓人變得心癢癢的，對吧！

還有，當我說「很會說話的人有三個訣竅」，但我只說了兩個，這樣就會讓人很想問：「還有一個是什麼呢？」

這全都是利用人類「想要填補空白」的心理。

換句話說，只要製造出空白，就可以讓對方產生興趣。

銷售業務員最擅長製造空白。

以下列的對話為例：

「日本男性第三大的死因是肺炎，第二大是心血管疾病。至於最大的死因，相信田中先生您一定也知道，說不定您的身邊就有人罹患這種疾病。您認為會是什麼疾病呢？」

這樣一來，這段話中就製造出了空白——也就是最大的死因。然後，對方就會開始思考：「咦？究竟是什麼疾病呢？」

此時，業務員就會告訴對方：「答案是癌症。」

刻意製造出空白，藉此引起對方的興趣。

那我們該怎麼做才能製造出空白呢？

只要再加一句話就好：

「如果……」

請大家試著在對話中加入「if」提問。

如果有人跟你說：

「請您盡情吃到飽，不用擔心任何事。」

你會選擇吃什麼呢？

要是我的話，我會想要在Mister Donut盡情享用喜歡的甜甜圈。

如果樂透中了一億日圓，你會怎麼運用這筆錢呢？

你會買車、買房子，還是存起來呢？

如果你跟朋友愛上了同一個人，你會怎麼辦？

你會跟朋友坦承嗎？還是就此放棄呢？

- **如果，有人跟你說可以盡情吃到飽↓你會吃〇〇。**
- **如果，樂透中了一億日圓↓你會做〇〇。**
- **如果，跟朋友愛上了同一個人↓你會〇〇。**

只要使用「如果」來提問，對話中就一定會產生空白。

如果＋〇〇（空白）？

這樣的提問會讓對方比較願意回答。

在職場上也一樣，希望下屬提出想法時，不妨這樣提問：

「如果要讓公司內部的溝通更順暢，要怎麼調整比較好呢？」

「如果有現在立刻就可以執行的方法，你覺得會是什麼？」

「如果只要提出一個方案，你覺得什麼是可以做到的呢？」

利用「如果」來提問，就算下屬原本覺得公司內部溝通與自己無關，也會開始動腦思考。

即使是大家原本不想做的工作，也可以利用這個方式把工作變成大家感興趣的事物。

「如果希望大家開開心心地整理倉庫，你覺得有什麼方法嗎？」

這麼一來，下屬應該就會提出各式各樣的意見：「放音樂」、「比賽看誰最快整理好」、「部長要請最快整理好的人吃午餐」等等。因為「如果」是假設的說法，很容易讓大家發揮想像力。

如果想要跟對方約會，不妨試著詢問對方：「如果要一起吃午餐，你比較喜歡西餐還是日式料理？」、「如果要去海邊，你比較喜歡白天去還是傍晚去看夕陽？」

這麼一來就能讓對方比較容易回答。

因為反正是假設，就算回答了也不必負責任，所以比較容易回答。

從「如果」開始的提問非常單純，卻極有成效。

你提出的小小疑問，就可以讓對方的大腦開始運轉。

請大家一定要試試在對話中加入「如果」，引起對方的興趣吧！

說話方式的正解

以「如果＋〇〇？」的方式提問，就能引起對方的興趣。

方法

6

能決定印象的「說話方式」是？

無論是人際關係或職場上，與其給人不好的印象，給人好印象總是會比較順利。

究竟「好印象」是什麼呢？

散發良好印象的人，是「擁有燦爛笑臉」、「能夠很有精神地打招呼」，還是「儀容舉止端莊整齊」呢？

我認為以上皆是。

不過，隨著對方的解讀方式，答案也會有所不同。

「燦爛的笑臉」可能會被解讀成「做作不自然」，「很有精神地打招呼」也可能會被挑剔成「很吵」，「儀容舉止端莊整齊」甚至會被當作是「裝模作樣」。

由於每個人的感受各有不同，所以「好印象」也沒有所謂的正確答案。

實際上，有一位專門講授如何給人好印象的講師，甚至曾被說過：「情緒太嗨給人不好的印象」，讓人哭笑不得。

要讓所有人都對自己抱持好印象，真的是一件非常困難的事。

不過，壞印象倒是有一套明確的標準。

我在研討會上曾問過大家：「怎麼樣的人比較不容易溝通呢？」每次幾乎都會得到下列這五項回答：

▼▼▼給別人印象不佳的代表性特質——

❶面無表情的人；
❷沒有反應的人；
❸心情不好的人；
❹不聽別人說話的人；
❺沒有整潔感的人。

雖然有些人會說：「我喜歡面無表情的人」，追求那種不食人間煙火的空靈感，不過，大部分的人都會覺得表情豐富，可以從表情讀取情緒的人更容易溝通。

看到沒有反應、心情不好的人，任誰都會覺得不好溝通吧！
此外，不聽別人說話的人，給人的印象當然不會好到哪裡去。
而面對服裝凌亂隨便、沒有整潔感的人，也會不禁讓人想用隨便的態度對待他。
如果初次見面的業務員襯衫沒有紮好，很多人在當下就會重新考慮合作事宜。
上述這五項特質的共通點就是**讓人無法安心對話**。

❶面無表情↓不知道對方在想什麼，難以繼續對話。
❷沒有反應↓不知道對方是否感興趣，讓人不安。
❸心情不好↓感覺好像會被傷害，令人害怕。
❹不聽別人說話↓感覺自己被無視，很難受。
❺沒有整潔感↓感覺粗魯沒禮貌，令人感到可悲。

無論是誰，都沒辦法放心跟粗魯對待自己的人好好對話。
比起說話方式，這些是更基礎的問題。
你身邊是不是也有人至少符合其中一項特質呢？
你的主管、下屬、同事、前輩、後輩中，有人是這樣的嗎？

說不定你心裡正浮現出那個平時難以溝通的人。

雖然不需要做到見賢思齊，但至少先確認看看自己有沒有會給人印象不佳的特質吧！

好印象的標準因人而異。

不過，給人印象不佳的關鍵卻幾乎大同小異，那就是會帶給別人不安的行為。溝通時給別人帶來不安的感覺，絕對會令自己的形象一落千丈。

說話方式的正解

比起爭取好印象，更重要的是去除壞印象。

方法 7

能表現出「共鳴」的表情是？

自我印象與螢幕上的實際印象

「螢幕上呈現的表情，超乎想像的可怕」。

事實上就是如此（笑）。

但這真讓人笑不出來。

自從新冠肺炎疫情肆虐後，大家在網路上視訊通話的機會變得越來越多。

就算自己以為已經擺出了和善愉快的表情，但實際上透過螢幕呈現出的卻是可怕的臭臉，看起來心情很差。這應該是大家遠距溝通時常會遇到的問題。

人類本來就具備**與人產生共鳴的能力**。

不知道大家有沒有聽過「鏡像神經元」（mirror neuron）？

這是一九九六年義大利神經生理學家賈科莫・里佐拉蒂（Giacomo Rizzolatti）所發現的神經元，簡而言之就是「看到別人的行為，大腦就會產生彷彿自己也正在做的反應」。

在車站等車時，若是看到有人擺出高爾夫揮桿的姿勢，不知為何自己也會開始揮桿；有人在旁邊伸展身體，自己也會想跟著做伸展動作。此外，你是不是也曾模仿過好友的口頭禪呢？

因為人類具有這樣的習性——「將別人的舉止轉變為自己的舉止」。

為什麼會這樣呢？

那是因為想藉此「**讀懂別人的心**」。

舉例來說，當你身邊有人正一邊說話一邊大笑時，自己漸漸也會覺得好笑起來；反之，如果有人在你身旁哭泣，自己也可能會跟著哭泣。這正是因為人類會貼近別人的心情感受，自然而然產生共鳴，製造出與對方的連結。

人類沒辦法自己一個人活下去，總是在孤獨中戒慎恐懼地保護自己。

所以人類才會自然而然能與別人產生共鳴。

儘管如此，近來也有越來越多人表示：「我很不擅長表現出與人有共鳴的樣子……」

- **不知道該如何與人共鳴。**
- **不太願意探究自己的內心。**
- **覺得把感受一一表現出來很麻煩。**
- **本來就對對方沒興趣。**

上述四點就是無法產生共鳴的原因。我非常能體會這樣的感受。我以前正是一個「不太願意探究自己內心」的人。感覺就像是……害怕別人看透我內心後會討厭我這個人。這種心態可能就是現在所謂的「玻璃心」吧！

因此，我以前不會輕易將喜怒哀樂表現出來。

事實上，要表現出「喜怒哀樂」並不是一件容易的事。

我後來發現，想要展現出與別人有共鳴的模樣，其實只要表現出下列這三種表情就夠了。

在日常生活中，Ⓑ「以中立的表情聆聽」應該最適用於大多數的情況。

這種時候不妨稍微揚起嘴角，讓眼神泛出笑意。

只要一點點就好。

試著將這樣的表情設定成自己的標準狀態。

以這三種表情表現出有所共鳴

A

面帶微笑聆聽

B

以中立的表情聆聽

C

以難受的表情聆聽

接下來只要在聽到趣事時展露笑臉、聽到悲傷的事時露出難受的表情，就可以與對方的情緒產生連結，表現出有所共鳴的模樣。

只需要這三種固定的模式，就可以讓你的表情變得豐富許多。

稍微調整一下臉部表情，便能為你的人際關係錦上添花。

說話方式的正解

以三種表情模式，表現出你與對方有所共鳴。

方法 8

「謝謝」的功效是？

對你而言，有沒有什麼字句是可以讓你「心情變好的字句」、「心情低落的字句」呢？

所謂「心情變好的字句」就是只要一聽到這句話，就會感覺胸口發熱、怦然心動，讓人暖上心頭。反之，聽到「心情低落的字句」就會變得湧起一股討厭的感覺，讓人心情低落沮喪。

在「方法3」當中有提到，我個人經常使用「太棒了」、「好驚人」、「真興奮」、「很幸福耶」這幾個字眼。

只要說出這些字眼，就能讓我的心情變好。

反之，我會避免說出「不可能」、「不喜歡」、「討厭」等等，因為這些字眼會讓我的心情變低落。

「言語」至關緊要。

平常所使用的言語，最後都會回到自己的身上。

這並不是指精神上的感受而已，而是物理性地回歸自我。

言語的傳導方式有兩種途徑，一種是**空氣振動**，也就是摩擦聲帶，透過空氣傳達給別人的聲音。

另一種途徑則是**骨傳導**。自己所發出的聲音會通過喉嚨、鼻腔、嘴巴等區域，也就是筒狀部分在自己體內發出聲響。

你是否有過這樣的經驗呢？

錄音時聽到自己的聲音，卻感覺：「咦？我的聲音怎麼跟想像中不一樣？」這也是理所當然，因為透過空氣振動被旁人聽到的聲音，跟藉由骨傳導在自己體內發出的聲響，本來就會不一樣。

這就是為什麼我說「平常所使用的言語，最後都會回到自己身上」的原因。

向對方說出的言語，同時也會在自己的喉嚨、鼻腔、口腔中發出聲響，就像是迴力鏢般回歸到自己身上。

假如要你說出「我討厭〇〇這個人」說一百次，心裡應該也會漸漸生出討厭的心情。畢竟「討厭」這個詞在自己的身體裡迴盪一百遍，心情變低落也是理所當然。相反地，請你開口說說看「謝謝」吧！像是在會議一開始時，就先跟大家說：「今天真的很感謝大家可以齊聚一堂。」當下屬準時交出資料時，也別忘了說一句：「謝謝你準時交出資料呀！」當便利商店店員幫忙把物品裝入塑膠袋時，也要記得說聲：「謝謝。」

「謝謝」（有難う），代表著「擁有是很珍貴難得的一件事」。如果把擁有這件事當成理所當然，就是完全背道而馳的想法。

你是否認為同事參加會議是理所當然、準時交出資料是理所當然、可以吃到餐點是理所當然、呼吸也是理所當然呢？

如果你這樣認為，當然就說不出「謝謝」。

我再重複一遍，**言語最後都會回到自己的身上**。

如果你對著鏡子出言不遜，那些不好的話語也都會回到自己身上。如果平常在對別人說話時，可以想成是對鏡子映照出的自己說話，相信大家應該就不會對別人說出難聽、傷人的話語了。

我認為，如果大家都具備這樣的常識，那些在網路上的酸言酸語應該就會大幅減少才對。

請大家千萬要記住，自己使用的言語就是建立起當下自我的基礎。

說話方式的正解

對別人傳達「感謝」，也是對自己傳達「感謝」。

方法 9

開啟一段對話的訣竅是？

像是與初次見面的人交換名片、在聚會中與別人打招呼、朋友介紹新朋友給自己認識時，當你在與初次見面的人說話時，會看著對方的哪裡呢？

根據許多問卷調查顯示，有八成的人回答「表情」。沒錯，一般人總不會突然盯著陌生人的指甲看吧！我想大部分人在初次見面時，應該都會看著對方的臉才對。

那麼，最容易受到矚目的是哪個部位的表情呢？

究竟是嘴巴、下巴，還是鼻頭呢？

問卷中有八成的人都回答：**「眼睛」**。

據說貓遇到狗時，一定會看狗的雙眼。貓的眼睛在黑暗之中也能閃閃發光，總是用光亮的雙眼判斷當下的情勢。而獵豹也是一樣，藉由凝神注視來捕獲獵物。

大部分的動物都是依靠雙眼判斷當下的情況，人類也是動物，當然也是一樣。

人類會看對方的雙眼，判斷對方當下的狀態。

所以，就算雙方尚未開始說話，光是看到對方的眼睛，有時候就能察覺到對方當下的心情。

例如：「他感覺好像有點緊張」、「好像有點不安」；「他感覺起來很開心」、「他好像很期待這次見面」等等。

雖然這樣的推測可能不會百分之百準確，但大致上可以了解對方現在的感受。

為什麼呢？這是因為在雙方見面的那一瞬間，從眼神接觸的那一刻起，彼此間的對話就已經開始了。

有些人儘管一句話都還沒說，眼神中就已經傳達出：「可以跟你見面真是太開心了！」

反之，有些人可能常被揶揄：「像死魚眼一樣死氣沉沉」，眼神中不帶一絲感情與活力。

萬一聽到別人這麼說，基本上已經沒戲唱了。

這次要教大家的方法是**開啟一段對話的訣竅，那就是你的「眼睛」**。要是沒有留意到眼神，無論你想了多少話題、提出多少疑問，都無法炒熱對話的氣氛。

這是因為你在對話的一開頭，就已經帶給對方不安的情緒了。人們不會想要跟讓自己無法安心的人交換任何資訊。

那麼，要怎麼做才能表現出會讓別人想要跟你說話的眼神呢？

我現在要告訴大家一個小技巧，這個技巧非常簡單，簡單到令人詫異。

那就是抬起**眼瞼**。

就這麼簡單。

大家也許會想：「咦！這種事有什麼好提的？」

不過正是如此。

見到對方的那一瞬間，記得刻意抬起眼瞼，這麼一來眉毛也會跟著往上揚。讓整張臉的表情往上移動，便能展現出充滿活力的臉龐。

人類在喜悅、感動、驚訝時，自然而然會睜大雙眼。

應該沒有人在說「好厲害！」時，是閉著雙眼的吧。我們在說這句話時一定會睜大雙眼。

如果每次說話都要睜大雙眼，感覺會很累，所以沒有人願意這麼做。

不過，溝通達人不會只擺出自己想做的表情，而是會徹底貫徹**「對方想看到的表情」**。

雖然要配合別人刻意做出臉部表情，真的是一件很累人的事，不過只要辛苦兩、三個月就好了。這也算是一種臉部肌肉的運動，等到你回過神來，應該就會發現你的眼瞼已經自然而然拉提到標準狀態。到時候就算你覺得自己沒有刻意做什麼表情，在別人眼裡看來也會散發笑意。

與人溝通時，有很多這種儘管簡單卻不輕鬆的事需要注意。

請把這些事養成習慣吧！可以做到這些事的人，才能經營出美好的人際關係。

說話方式的正解

從第一次眼神接觸
就製造出開始對話的契機。

方法 10 對話中最重要的行為是？

「在對話時，我最希望對方表現出的行為是〇〇。」

你會在〇〇當中填入什麼呢？

如果你已經心裡有底，表示你平時就有在身體力行。沒錯，就是「反應」。

所謂的反應，就是針對某個動作行為所產生的回饋。只要在對話中有所反應，對方就能實際感受到你有在仔細聆聽。

下列兩個行為就是在對話中常見的反應。

❶依照對話脈絡點頭；

❷回覆對方：「原來如此」、「這樣啊」等等。

不過，這裡我還要繼續深入探討。反應的英文是Reaction，也就是「Re＋Action」，用中文來看就是「再次＋行動」。除了點頭與言語回應之外，還有下列方式可以給予對方回應：

❶音量；
❷說話速度；
❸對話的空檔；
❹表情；
❺肢體語言。

▼▼▼對話中的五個反應

❶音量

平時說話音量較大的人，會給人很有活力的感覺。如果在回應大嗓門時，刻意小聲咕噥，反而會給人不好的感覺。

反之，如果是與音量較小的人說話，卻張大嗓門回應，也會帶來反感。與對方相同的音量，就是最恰當的音量。

❷說話速度

有些人說話快，有些人說話慢。跟音量的道理一樣，如果慢吞吞地回應說話快的人，也會讓別人覺得很不自在，反之亦同。

❸對話的空檔

在對話時產生的「空檔」，可以顯示出對方的個性。所謂的「空檔」就是句點「。」，或者是在思考時所產生的空白。

說話時「空檔」較多的人，大部分是喜歡深思熟慮後再說話的類型。對這樣的人說話時，如果自己像是機關槍般說個不停，很容易會讓人沒來由地心生反感。因此，在對話時也要記得配合對方的節奏，適時加入空檔。

❹表情

當對方一臉喜悅地說話時，自己也要表現出開心喜悅的表情；當對方一臉難過地說話時，自己也要換成難過的表情，在對話時讓雙方的感受產生連結。

❺肢體語言

面對肢體語言特別多的人，如果自己聆聽時一動也不動，很容易會讓對方覺得：「你真的有在聽我說話嗎？」

這種時候，你也要與對方一起拍手大笑、動動身體，在對話中加入一些肢體語言才行。

反之，面對那種不動如山的人，你也不要有太多動作，才不會帶給對方奇怪的感覺。

總而言之，**配合對方給予回應**就是對話時的基本原則。

每個人的想法都有所不同，有些人聽到對方給予回應，只會漠然地想：「哦，他有回應我」；有些人卻會想得很多：「沒錯，他回應我了！這真的很重要呢！」每個人看待回應的態度可說是天差地遠。

不過，回應是一個非常值得深入探討的議題，因為回應就是一種認可對方的行為。而所謂的認可，就是承認對方的存在。

「我理解你。」

「你現在確實存在於此。」

回應就等同於表達了上述的認可。

對人類而言，最難受的莫過於被抹煞自己的存在。這與人類的矜持，也就是自傲與自尊有關。

所以，我們絕對不可以忽視回應的重要性。

在人際關係之中，微小的傷害就有可能發展成巨大的鴻溝。

請大家一定要記得在配合對方的前提下，給予真心的回應，為對方營造出舒適安心的對話空間。

說話方式的正解

配合對方的狀態做出回應。

方法 11

需要依照對方的特質，改變說話方式嗎？

當你看到有人會依照對方的特質改變說話方式，你會有什麼感受呢？

「這個人見人說人話、見鬼說鬼話，感覺不值得信任。」

「態度變來變去，跟變色龍沒兩樣。」

也許會有人這麼想也不一定。

不過，事實真是如此嗎？我想，大家都會對小嬰兒說：「超口愛～」可是應該不會有人在職場上說：「田中先生超口愛～」吧！

再者，面對社長以及比自己年輕二十歲的下屬時，說話方式也會截然不同。對客戶說話以及跟朋友說話時，態度當然也會完全不同。

也就是說，因對象而改變自己的說話方式是再合理也不過的了。

重點在於改變說話方式的**動機**。

我們該思考的是，一個人為什麼會改變說話方式。

這是因為對對方而言，這種說話方式會比較好的緣故。

只要採用某種說話方式，就可以取悅對方，所以才會做出改變。原因就這麼簡單。

「對目前的田中而言，很需要受到別人肯定。」

「雖然可能會有點嚴厲，不過對於現在的佐佐木而言，斥責會更牢記在心。」

如果真的是為了對方著想，即使都是下屬，自己對每一位的說話方式也會有所不同。

如果只顧著計較自己的利害得失，總是對主管奉承討好、對下屬頤指氣使，只會讓自己惹人討厭而已。

因為大家都看得出來你的居心。

正確的說話方式是，**配合對方的情況而改變溝通方式**。

具體而言，要怎麼改變比較好呢？

如果有明確的指標，應該會比較容易理解。

當我在與學生們溝通時，我會特別意識到下列這四個領域：

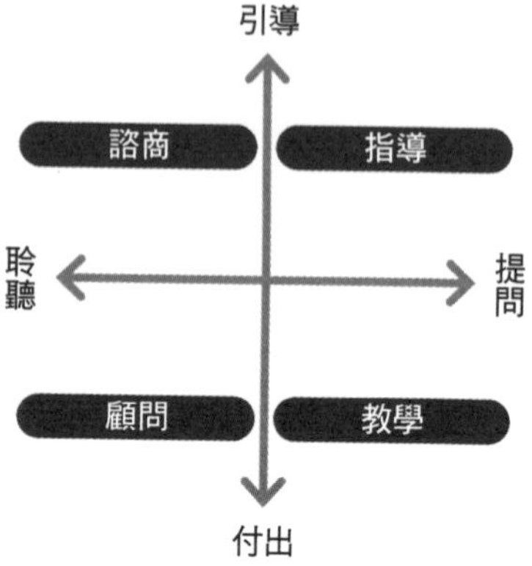

溝通時的四個領域

指導指的是接受對方提問，同時引導出答案的領域。

諮商指的是仔細聆聽對方說話，同時引導出答案的領域。

顧問指的是聆聽對方面臨的問題，回答「怎麼做會比較好」的領域。

教學最具代表性的就是學校裡的老師，例如在學生詢問：「二乘以二等於多少？」時，回答：「答案是四」的領域。

在與人相處時，每個人都會偶爾提出疑問、偶爾聆聽對方說話，有時候可以引導出對方的潛力、有時候可以做出回答。

假如現在要面對某個人，你最適合扮演的角色是什麼呢？

根據對方的特質，改變自己應對的風格，才是溝通的真諦。

在這四個領域中，絕對沒有哪個比較好、哪個比較壞。

佐田雅志的歌曲《小丑的十四行詩》中有一句歌詞是這樣的：「若能拯救那張笑臉，我願做個小丑。」也就是說，為了看見對方的笑容，連自己的本質都願意改變。我認為這句歌詞正解釋了溝通的真諦。

也許很多人都曾聽說過「指導、諮商、顧問、教學」這套說法，但如果光憑這樣就斷定：「學會指導後，就可以快一點對下屬提問、引導他發揮能力」，可是大錯特錯了。

請大家先專注於掌握對方現在真正的需求。接著再根據對方的需求，變化出千變萬化的溝通風格與說話方式吧！

說話方式的正解

對話時，要依據不同情況改變溝通方式。

方法 12

該如何面對那種只顧自己，任意改變態度的人？

當大家遇到那種只顧自己，任意改變說話方式與態度的人，會怎麼應對呢？有時候在餐廳用餐時，會看到有人對店員大聲怒罵：「喂，這裡沒有刀叉耶！」這種時候雖然店員會拚命向客人道歉，但在周圍聽到怒罵聲的人，恐怕心情都會變得不怎麼好。

此外，有些人在面對店員時，會突然變得很沒禮貌，說話也不說敬語。如果他對自己的顧客也是這麼沒禮貌，真的本性如此也就罷了，但我想絕對並非如此。

因為這種在公司裡對高層逢迎拍馬、對弱勢頤指氣使，只為了私心而任意改變態度的人並不在少數。

如果這種人出現在你眼前，你會怎麼做呢？

這時候重點還是在於**你的主軸**。

這也是本書中最重要的方法。

對方是你人生中重要的人嗎？**如果一點也不重要，那就讓他隨風而逝吧！**只要你心裡知道**「世界上也會有這種人」**就夠了。

人生只有一次，如果把珍貴的時間浪費在這種人身上，實在是太可惜了。

假設你對身邊的十個人都很親切和善。

有兩個人會非常高興，有六個人反應一般，剩下的兩個人卻會說你壞話。這就是所謂的「二：六：二的法則」。

就算跟那些說你壞話的人爭辯：「我明明就對你很好！」也無濟於事。因為這世上就是會有這種人存在。

如果你非跟那些與自己不對盤的人溝通不可，請記住只要傳達**事實**就可以了。

舉例來說，當你告訴對方「你跟店員說話的語氣太差了」，對方也只會回嗆：「我語氣哪裡差了？」因為語氣的好壞與否，解讀因人而異。

事實上究竟如何呢？

其實只要說一句：「你沒有對店員說敬語。」這樣就夠了。

因為這是事實，對方也無從否認起。

就算對那些喜歡對下屬氣焰囂張的人說：「對下屬這麼囂張不太好吧！」但囂不囂張的解讀也是因人而異。

只要跟他說：「剛才田中正在講話時，你打斷他說話了吧。」

畢竟這是事實，還能傳達出你想要告訴對方：「不管原因為何，中途打斷別人說話是不好的行為」的目的。

還有，「社長前腳才踏出公司，你就露出一副很疲憊的樣子呢！」

如果你這樣告訴對方，對方說不定還會惱羞成怒：「我才沒有呢！」

這時不妨這樣說：「社長前腳才踏出公司，你就嘆氣了呢！」

因為這是事實。

聽到這句話的對方，反而還可能會嚇一大跳：

「咦？我有嘆氣嗎？」

這時對方說不定還會對你吐露心事：「其實我剛剛一直很緊張……」

遇到這種情況，不妨悄悄向對方說一聲：「辛苦你了。」

因為每個人對態度的解讀都不相同，爭辯態度很容易會造成衝突。**唯有事實是無可辯駁的**。

如果你希望對方改變態度，請告訴他真正的事實就好。

因為在大部分的情況下，本人往往都不會察覺到自己的態度不好。

說話方式的正解

面對會因人改變態度的人，只要告訴他事實就好。

方法 13

配合對方的節奏，主動掌握「節奏」

你有沒有過這樣的經驗呢？明明是第一次見到對方，不知為何卻感覺與他一見如故，相處起來如沐春風？

或許也可以說是「彼此很合得來」。

不過，個性投合說起來也很玄。

每個人的感覺都不相同，與對方合不合得來也不是肉眼就能判斷。

就算想要與對方一見如故，也沒有人會知道具體而言該怎麼做。

不過，不需要為此擔心。

在我們學校的講座與研習課程中，絕對不會用模稜兩可的說法令大家感到混淆。

我們一定會說出具體的方法。

為什麼有些人明明是第一次見面，卻會莫名地覺得與對方一見如故、相處起來如沐春風呢？

對方與你究竟是哪一點如此契合？

現在就來揭曉答案。

原因就在於**呼吸**。

日語中有句諺語是「阿吽的呼吸」，意指兩者呼吸合拍、默契十足。

我們平時也會說「與對方意氣投合」。

大家應該偶爾也有遇到跟別人說話時，總覺得很不合拍的情況吧？

這是因為在對話時，彼此的呼吸不一致，導致兩人同時說話，或在對話中出現奇怪的空檔。

說話速度也是導致這種情況的原因之一。

呼吸較平緩的人，說話速度會比較慢。

呼吸較急促的人，說話速度也會比較快。

當彼此的呼吸節奏不同，兩個人都會覺得對話起來很不舒服。

假設當你出差後身心俱疲的情況下，搭上計程車準備回家，此時計程車司機要是開始像連珠炮般說個不停，一定會讓人覺得很不舒服吧！

當你前往溫泉旅館打算好好放鬆時，旅館女主人要是用很快的速度說話，也會讓人感到很不舒適。

這是因為這種時候，你會希望將整體步調放慢的緣故。

反之，在令人雀躍的夏日祭典時分，大家也不會想播放古典樂。

我的意思並不是說話快不好，也不是古典樂不好。

關鍵是有沒有配合到對方當下的狀態。

配合對方的說話方式、狀態與呼吸，在心理學中稱之為「同步」。

如果是溝通達人，絕對非常清楚人類的心理。

因此，**首先要做的就是配合對方的呼吸**。

無論你們討論的話題多有趣、對方人有多好，只要彼此呼吸沒有配合好，就沒辦法令對方感到放心。

那麼，要怎麼做才能配合對方的呼吸呢？

人類在說話時是吐氣的狀態。
沉默時則在吸氣。
一吸、一吐，這就是呼吸。

說話速度快的人，「吐氣」↔「吸氣」的次數較多，也就是呼吸較淺。
說話速度慢的人，「吐氣」↔「吸氣」的次數較少，也就是呼吸較深。

呼吸是深是淺，並沒有什麼對錯之分。
只是自己能不能配合對方的節奏而已。
基本上，當對方在說話時，你必須吸氣。
當你在說話時，就輪到對方吸氣。
這就是所謂的呼吸合拍、意氣投合。
簡而言之，可歸納為下列三步驟：

步驟❶：確認對方的呼吸。
步驟❷：配合對方的呼吸。

步驟❸：自然而然掌握對話節奏。

只要彼此的呼吸合拍，對方便能感覺到心情平靜穩定。當對方敞開心扉，我們便能自然而然掌握對話的節奏。要是不呼吸，人類就活不下去；呼吸對人類而言就是維繫生命的關鍵。呼吸明明就是如此重要的一件事，卻很少人注意到呼吸的重要性。只要留意到呼吸，別人對你的印象就會煥然一新。

將以上三步驟養成習慣後，便能自然而然與別人意氣投合、一見如故了。

請大家一定要特別意識到呼吸這件事。

說話方式的正解

藉由同步彼此的呼吸，帶給對方平靜穩定的心情。

方法 14

該如何聆聽對方的話語並全盤接受，而且不否定對方呢？

「神給了人類一條舌頭及兩只耳朵，就是要我們少說話，多聆聽。」

這是哲學家愛比克泰德（Epictetus）的名言。

也就是說，神明的用意是為了讓我們只用一張嘴巴說話，卻要用兩只耳朵聽取兩倍別人說的話。

大家應該知道「聆聽」這個詞吧！

我們學校裡有很多位諮商師。成為諮商師第一件要學的就是「聆聽」。所謂的聆聽，指的是不否定對方，以全盤接受的態度聽取對方說話。

聆聽對方說話，就是溝通的基礎。

無論是空手道或柔道，都是從蹲馬步開始練起。溝通時也是一樣，一旦開始溝通，就必須先從聆聽開始做起；聆聽就是溝通的基本功。

儘管如此，**要好好聆聽別人說話，真的是一件很困難的事**。

一有想說的話，就會很想打斷對方直接說出口；要是突然想到什麼事情，就很容易從對方的話語中分心。此外，在家要是看到小孩惡作劇，就會讓人很想不管三七二十一地大聲斥責。

我以前也常沒耐心聽別人說話。尤其是當自己心情特別好，或是工作上特別順利時，更沒辦法好好聆聽。這種時候會讓我變得趾高氣昂，遺忘「聆聽」的基本功。

當我剛創業時，我接受了專業諮商師的指導。

在諮商的領域中，有分為佛洛伊德、榮格、羅傑斯、阿德勒等諸多流派。

當初是專門研究榮格的諮商師為我諮商。

實際諮商後我只有一個感想，那就是「大吃一驚」。

這裡的吃驚當然是指好的方面。

不知道為什麼，當諮商師聽我說話時，感覺就像是撥開了洋蔥一層層的外皮，讓我毫無保留地說出了真心話。

那些對朋友及家人都說不出口的真心話，我卻對初次見面的諮商師毫無保留地說了出來。

「怎麼會這樣呢……」我感到很震驚。

我甚至還問諮商師：「您是施了什麼魔法嗎？」

諮商師這麼告訴我：

「我並不是聆聽桐生先生所說的話，而是試著貼近您的感受。」

接著他繼續說：

「諮商時，我接收的不是對話內容，而是情感。」

不是內容，而是情感。

這句話深深擊中了我的心。

沒錯，當我們與別人聊得特別開心時，對話中彼此最常說出的都是關於感受的字眼，例如：「也太開心了！」、「好期待哦！」、「太令人興奮了！」等等。

當我們在抱怨：「部長這麼臨時把工作丟給我，也太過分了吧？太讓人火大了！」對方要是回覆：「對呀，真的很過分，太令人生氣了。」當對方認同自己的感受時，我們就會覺得對方徹底理解自己。反之，要是對方回應：「臨時丟工作給你？什麼工作這麼急？」當對方探究對話內容，我們就不會覺得對方真的有理解自己的感受。

好的應對與不好的應對分別如下所示：

▼▼▼當對方向自己抱怨時

「明明就是部長自己捅了簍子，卻一點都沒有不好意思的樣子。讓人一點幹勁都沒有了……真悲哀……」

○ 針對情感的回應

○好的回應

↓「對呀，這樣真的會讓人提不起勁……」、「真的很悲哀……」

× 針對內容的回應

○不好的回應

↓「職場上就是會有這種事，以前我也曾被部長……」

話題轉移到自己想講的事情上，對方不會感覺到自己有好好聆聽他說話。

當我們在看漫才表演捧腹大笑時，隔壁有人跟自己一起哄堂大笑；當我們看電影泣不成聲時，隔壁有人一起拿著手帕嚎啕大哭。

像這樣能與我們同時體驗相同情緒的人，才能讓人抱持好感。對人類而言，同時體驗相同的情緒就是如此重要。

那麼，當你的下屬交出跟你要求完全不同的資料時，你會怎麼做呢？

「這是什麼鬼東西？我不記得我有叫你交這種資料！」雖然你一定會很想這樣斥責對方，但請先靜下心來聆聽對方說話，試著與下屬一起體驗同樣的情緒看看。

「謝謝你的資料，做這個很不容易吧？」如果你先試著這樣說，也許下屬就會對你吐露心聲：「時間所剩不多，我覺得很著急……」、「還有很多部分我還沒想清楚……」

此時，不妨先接住對方的感受，對下屬這麼說：「這樣啊，時間很趕呀？」、「原來你很著急呀！」

至於你真正想說的話，只要接在這之後說出口就行了。

「要是這裡可以這樣做，結果會更好喔！」

如果是可以跟自己感受同樣情緒的人所說出來的建議，會更深入人心。

因為感覺對方可以理解自己的情況。對方在理解自己的前提下所給出的建議，會讓人更願意敞開心胸接受。

人類會對能與自己一起開懷大笑、一起嚎啕大哭的人敞開心扉。

對方所說的內容並不重要，重要的是對方的感受。

請大家一定要抓住對方微妙的心理，貼近對方的感受。

讓彼此身邊洋溢溫暖的氛圍，這麼一來絕對能讓彼此的感受產生連結。

說話方式的正解

比起內容，更重要的是用言語表現出接住對方的感受。

方法 15

使用負面詞語的優缺點是？

在負面的連接詞中，最具代表性的就是**「可是」**、**「因為」**。例如：

「可是，因為○○的關係所以沒辦法。」

「因為○○啊，所以不可能。」

「可是」、「因為」的後方幾乎都會連接否定負面的話語。

如果以這樣的方式使用這些連接詞，很可能會帶給別人不好的印象。

不過，在某些時候使用「可是」、「因為」也能營造出很好的效果。

舉例來說：「**可是**，這個工作只有你才能做得到！」

如果我聽到對方這麼熱情的邀約，我一定會覺得動力十足。

其實在日常生活中，也有某些時刻很適合使用「可是」、「因為」。

男性：「妳在看什麼，看得這麼認真？」

女性：「沒有啦，**因為**……覺得你很有男人味。」

一聽到對方這麼說，感覺就會瞬間心跳加速了吧！

在大家面前說話時，有時候也會像這樣刻意詢問對方意見：「可是你不這麼覺得嗎？」

換句話說，「可是」、「因為」等連接詞本身並沒有問題。

問題究竟出在哪裡呢？

會讓對方感到不悅的使用方式，才是最大的問題。

這樣的用法很可能會變成人際關係的毒藥。所謂**令對方感到不悅**，就是使用這些接續詞來否定對方的想法。

例如：

對方：「你少喝點酒比較好吧？」

自己：「可是，俗話說酒是百藥之長。」

對方：「你多學點會計的常識吧！」

自己：「可是我數學很爛。」

對方好不容易給予自己建言，要是用「可是」、「因為」來否定對方，不免會讓人覺得：「跟這個人不管說什麼都沒有用」，還會破壞彼此之間的關係。

所以，我們必須將「可是」、「因為」變成人際關係的良藥。

請參考下列五個例子：

❶ 將「可是」改成「為什麼？」

「我很想試試看這樣的企劃！」

×「可是我們人手不足。」

○「為什麼你很想嘗試呢？」

千萬不要立刻否定對方，先試著確認看看背後的原因吧！

❷ 在「可是」前面加上「是這樣沒錯」

「再不增加人手，工作都沒辦法安排了。」

×「可是預算不夠呀！」

○「是這樣沒錯。」

先接受對方的意見後，再傳達自己的想法：

「不過，現階段先想想看該怎麼提升效率吧！」

❸肯定對方：「不錯喔！」

「要不要試試看○○呢？」

×「可是，部長會生氣喔！」

○「這個想法不錯喔！」

先肯定對方的想法，接著再提出自己的疑問：

「不過，這樣做部長會不會生氣呢？」

❹將「可是」換成「正因為如此」

「時間不夠用。」

×「可是，要是你這樣想，不管過多久都沒辦法開始做。」

○「正因為如此，更要想辦法擠出時間才能開始做啊！」

❺不要使用「可是」、「因為」

×「可是，我覺得這件事做不到。」

○「我有不同的想法。」

×「因為時間不夠用。」

○「從其他地方撥出時間吧！」

大家可參考上述五種方式，改變「可是」、「因為」的使用方式，或者是在說出「可是」、「因為」前，加入別的語句緩衝語氣，便能大幅降低對方的不悅。

話說回來，**我們之所以會說出「可是」、「因為」，大多是心境本來就比較不穩定的時候**。

當下那瞬間心頭湧上「煩躁」的感覺。

請大家先試著掌握自己心中的那股感受吧！

這麼一來，相信你便能在對話中從容思考該如何使用上述五種方法了。

「可是」、「因為」屬於負面用語，絕對不可以使用！

直接這樣告訴大家不是簡單多了嗎？但事實上還是有些場合非使用這些詞語

不可。

最重要的還是必須在恰當的時機好好運用這些詞語，因此，在本節中介紹給大家五種恰當運用的方法，希望大家可以挑其中一兩種試試看！

說話方式的正解

恰當地運用「可是」、「因為」等負面詞語。

方法
16
感謝對方的意義是？

在本節中，我要談談關於感謝這件事。

「向對方傳達『感謝』，自己也會分泌出幸福荷爾蒙。」

不知道大家有沒有聽過這種說法呢？

所謂的幸福荷爾蒙指的是「血清素」（Serotonin），血清素是一種可以穩定精神的腦內荷爾蒙。

當人們抱持著感謝的心情，大腦就會分泌出血清素，因此平時越懂得「感謝」的人，身體就會越健康、細胞發炎的情況也會越少，這樣的說法在醫學界也備受肯定。

反之，當血清素不足時，不僅會讓人工作意願降低，嚴重時甚至還可能引起憂鬱症、恐慌症等疾病。

所謂的感謝，不只是向對方傳達心意而已，對自己帶來的好處更是不計其數呢！

我大學畢業後，進入了人力派遣公司上班。

將人才派遣到客戶的公司時，我也會一起過去拜訪該職場。當時我見識到了成千上百個公司的辦公環境。正因為如此，只要一走進辦公環境的瞬間，我就可以從氣氛中推測出這間公司的業績如何。

如果從踏進公司的瞬間，便可以感受到暖烘烘的氣氛，絕大多數業績都非常好。

但若是整體氣氛冷冰冰的公司，大部分業績都十分低迷。

據說餐廳及便利商店的業績，也可以從店員休息室裡推知一二。

儘管用肉眼沒辦法看到整個環境中的活力，但的確可以感受得出來。

我現在也因為舉辦研討會的關係，會拜訪許多公司，如果是業績絕佳的公司，只要一踏進辦公室的瞬間，就能感覺到整個環境裡交織著感謝之意，一股暖流迎面而來。

雖然這麼說可能有點誇張，不過感覺就像是辦公室裡湧出大量的幸福荷爾蒙一樣。

我心裡覺得非常好奇，所以仔細觀察了充滿感謝的職場與毫無感謝之意的職場究竟有何差異。難道充滿感謝的職場中，真的每天都會頻繁發生值得衷心感謝的事嗎？是不是一定會幫過生日的同事慶生，還是某個同事出馬就絕對可以拿到合約呢？

事實上並非如此。

氣氛明亮溫暖的公司，打從一開始感謝的重點就跟大家不一樣。

氣氛嚴肅冰冷的公司，通常會**將感謝的重點放在結果上**。

例如：

「謝謝你達成業績。」

「謝謝你製作出優異的企劃案。」

也就是說，這樣的公司是在員工做出某些成果時，才會表達感謝。

另一方面，氣氛明亮溫暖的公司會**將感謝的重點放在過程**。

例如：

「謝謝你昨天也出席了客戶的會議。」

「謝謝你很努力製作出企劃書。」

大家應該可以感受出兩者之間的差異吧？

氣氛明亮溫暖的公司，是**針對員工的付出表達感謝**。

只要把焦點放在員工的付出，無論任何事都很值得感謝。

「準備這場會議，真是辛苦你了。」

「你今天也很努力進行電話行銷呢！」

「謝謝你幫忙關公司的電燈。」

「謝謝你總是第一個向大家打招呼。」

在工作上要做出成果，並不是一件容易的事。

不過，**如果把焦點放在過程，那麼每件事都很值得感謝**。

有些人可能會認為：「這些本來就是該做的事」、「結果比較重要」、「不可以把員工慣壞了」。

雖然這些想法也沒錯，不過請大家一定要記住：

「沒有過程，哪來結果」。

先來設想看看，萬一明天心愛的孩子可能會突然發生什麼意外。只要一想到這件事，心裡就會不禁湧現感謝之意：「今天能平安地活著真是太好了」。

如果是明天公司裡重要的員工可能必須緊急住院呢？

那麼你應該會打從心底認為今天可以與對方一起工作真是值得感謝，當然就能由衷說出：「今天一整天真是辛苦你了。」

感謝對方的真諦就是，**讓自己察覺到對方的重要性**。

「沒有任何事是理所當然」。

只要抱持著這樣的想法，心裡自然會湧現出無盡的「感謝」。

說話方式的正解

將感謝的焦點放在過程，而非結果。

方法
17

什麼才是對周遭的關懷？

懂得關懷旁人的人，絕對會備受喜愛。我認為這是無庸置疑的。

在日文中關懷寫作「氣遣い」，這裡的「遣」跟「心遣い」（用心體貼）、「言葉遣い」（用字遣詞）的用法一樣，意指充分發揮心中的感情去照顧別人。

人類只要一感覺到「對方很為自己著想」、「對方總是關心自己」，就會打從心底覺得喜悅。所以懂得關懷旁人的人，才會如此受到歡迎愛戴。

有句話我覺得非常基本，不知道該不該說，但因為實在太重要了，還是必須提醒大家：

不勉強自己刻意做出的行為，才是關懷。

例如在約會時，男性特地告訴女伴：「讓女生坐在靠牆的位置，男生要坐在走道旁才有禮貌。所以，請妳坐進靠牆的位置吧！」聽到對方這樣說，女方一定會覺得：「這個人到底在想什麼……」

不刻意去做的行為，才是所謂的關懷。

在職場上也一樣，下屬主動表示：「部長，我幫您拿了複印的文件，請用。」這時部長會說：「哦，你真機靈！」但如果是部長先說「你幫我拿一下複印的文件」，下屬就算照做了，部長也不會覺得對方「真機靈」。

換句話說，**在對方還沒訴諸言語之前就先提供對方所需**，這才是真正的關懷。

這麼一來，難度是不是瞬間變得很高呢？

不過，「關懷的能力」是可以藉由訓練而學會的。訓練聽起來可能會讓人感覺有點沉重，不過其實只有三個步驟而已。

那就是**「觀察、思考、行動」**。

▼▼▼約會時，女友穿了高跟鞋

女友腳上穿的是高跟鞋↓「觀察」

感覺很不好走↓「思考」

自己主動走得比平常慢↓「行動」

所謂的「觀察、思考、行動」就是這回事。

如果你主動邀功：「妳今天穿了高跟鞋呢！看起來好像很不好走，我們走得比平常慢一點吧！」這樣就一點意義也沒有了。

另一方面，在工作職場上又該怎麼做呢？

例如，開線上會議時看到很多生面孔，懂得體貼關懷的人，就會率先對大家打招呼：「初次見面，請多指教！」

因為，要是在線上會議看到許多不認識的人，大部分的人都會不知道該對誰說話比較好，往往會不知所措。

所以，**能觀察出這樣的氣氛，主動向大家打招呼的人，才能算是真正懂得關懷**。

也就是說，所謂的關懷就是懂得觀察當下情況，主動思考對策，並搶先一步行動。懂得關懷的人，每天都在實踐這三個步驟。

說起來簡單，不過真的要做到關懷並不是那麼簡單。

因為**每個人「希望別人為自己做的事」都不一樣**。

有些人換了髮型會希望別人可以察覺、主動提及，但有些人則不然。看到別人牙齒沾了海苔時，要不要告訴對方也很難拿捏。大家可能會認為：「當然要告訴對方呀！」不過，如果對方跟自己的關係不是那麼親近，有時候不要告訴對方可能會比較好。

以前我曾遇見一位醫療相關人士，他給人的關懷簡直是無微不至到令人感動。聽說在醫療領域中，有一種名為「TLC」的思考方式。TLC是「Tender, Loving, Care」的縮寫，也就是溫柔且充滿愛的關懷。那位醫療相關人士告訴我：「當患者真的非常痛苦時，我會靜靜待在旁邊，什麼也不做地陪伴對方。」他讓我了解到，什麼也不做也是一種關懷。這讓我察覺到，**「觀察、思考、刻意不採取行動」——也是關懷的方式之一**。

正因為每個人希望別人為自己做的事都不盡相同，我認為這世上並沒有所謂一百分的關懷。

不過，**只要自己認為是關懷並主動採取行動，就可以做到百分之百的關懷**；因為只需要由自己主動採取行動就好。

最重要的是要多多實踐，累積許多成功與失敗的經驗，便能提升關懷的精準度。

現在就請你看看眼前的那個人吧！

稍微想像看看，你覺得對方現在希望你做什麼事呢？

如果對方正繃緊神經努力工作，也許他會希望「好想稍微休息一下……」。也可能是「現在想要好好專注在工作上」。

無論是對他說聲：「要不要稍微休息一下？」或刻意什麼都不說，或默默遞上一杯咖啡，都是你對他的關懷。

說話方式的正解

藉由「觀察、思考、行動」這三步驟，加強關懷的精準度。

方法 18

讓對方說更多的訣竅是？

「這是我家的小孩。」

當同事給你看小孩的照片時，你覺得下列哪一個回覆更能炒熱現場的氣氛呢？

A「❶好可愛喔！現在幾歲了？」

B「❶哇！好可愛！臉頰胖嘟嘟的，❷跟〇〇長得好像喔！❸眼睛根本一模一樣。❹感覺以後一定會很吃香！❺現在幾歲了？」

大家應該都會覺得是B吧？

希望對方多說一點時，必須由自己先提供話題或提出疑問才行。

只不過，有些人在回答時就會遇到困難，導致對方也沒辦法說得更多。其實這樣的人只是因為回得太少了。

沒錯，正是**回應內容的數量**太少。

因為自己回應的內容太少，以至於沒辦法讓對方說得更多。

例如，比起A「好可愛喔！現在幾歲了？」的短短一個回應，B所做出的回應就多達五個。

假設一位美食部落客在評論美食時只說「好好吃喔」，當然無法繼續拓展話題。

「真好吃！我第一次吃到這樣的番茄，就跟草莓一樣甜，香氣還一直縈繞在口中。」應該要像這樣不斷闡述出自己的感想才對。

豐富的回應內容，絕對是能讓對方說得更多的重要因素。

為什麼呢？因為光是聽到你豐富的回應內容，就足以讓對方感受到：「原來你對我說的話很感興趣」，刺激對方多說一點的意願。

舉例來說，女友特地為自己動手做了餐點，當她詢問：「好吃嗎？」如果只回答：「嗯。」對話就會直接結束了。

如果你不斷回應：「看起來好好吃喔！」、「我要開動了！」、「超美味！」、

「還可以再來一碗嗎？」女友一定會很開心。接下來也許還會告訴你：「這是我第一次使用柚子胡椒這種調味料喔！」讓你們之間的對話內容越來越豐富。

我想告訴大家的是，**不需要勉強自己讓對方多說一點**。

請試著仔細觀察那些經常結束話題的人。

他們常使用「哦。」、「這樣啊！」來回覆，結果話題就這麼結束了。

不僅如此，經常結束話題的人還很喜歡立刻發問。因為要是不提出疑問，他們會不知道該如何面對對話的空檔。

其實並不需要特地做出冗長的回應。

如果你平常總是只做出一個回應，下次不妨試著做出兩三個回應吧！

要是別人給你看寵物的照片，先別急著詢問：「哇，現在幾歲了呀？」

「好可愛！」、「這樣每天都一定會很想趕快回家吧！」、「好好喔，我也想養一隻。」試著像這樣先做出好幾個回應後，再提出問題：「現在幾歲了呀？」這麼一來，對方就會馬上給予回應。

因為其實對方也很在意你的反應。

「他對我說的話感興趣嗎？」

「這個話題有趣嗎？」

「還要再說更多嗎？還是該就此打住呢？」

主動提出話題的人，也會擔心你是否不感興趣。

所以，當對方獲得回應後，便能放下心來，讓心中洶湧的感受傾巢而出。

請大家一定要把焦點擺在回應內容的數量，才能讓對方多說一點，營造出愉快豐富的談話內容。

說話方式的正解

增加回應內容的數量，自然能讓對方多說一點。

方法 19

將自己的弱點轉為笑點的方法是？

我認為可以若無其事說出自己弱點的人，器量真的很大。

每個人都會想要隱藏自己的弱點，不願讓別人看穿自己。能將自己的弱點暴露在大家面前，可說是活得坦率不做作的最佳證明。

要把自己的弱點轉為笑點是非常困難的。

因為必須加入鋪陳、轉折等，才能組織成會令人發笑的結構。

不過，如果是**笑著說出口**，每個人應該都做得到吧！

可以若無其事說出自己弱點的人，絕對不會是用陰沉的表情說出弱點。當然也不會流露出一絲悲壯感。

有一位我很尊敬的經營者曾說過：

「雖然我能讀懂數字，卻讀不懂女人的心。所以我才會離婚三次。」

他說這話時流露出非常開朗有活力的氣息，讓人忍不住笑了出來。

如果他是帶著哀傷的神情說出這句話，那麼任誰也笑不出來。

我從小就因為鼻子塌而感到自卑。

在我小學四年級時，我照著學校廁所的鏡子，心裡想：「有沒有什麼方法可以讓鼻子變高呢？」然後我發現，只要刻意皺眉就可以讓鼻子看起來稍微變挺一點。

從那時起，我每天都會先到廁所的鏡子前刻意皺起眉頭，再走進教室。

可是這麼一來，就沒有人來跟我說話了。因為刻意皺起眉頭，看起來就像是隨時都在生氣一樣。

畢竟誰也不想跟隨時都擺出臭臉的人說話（笑）。

當時十歲的我，就這麼完全沒了朋友。

要是我現在用開朗的表情說出這段往事，大家都會笑著說：「明明就不需要這麼在意鼻子呀！」

我再重複一次重點。

先別管自己說的話能不能讓人發笑，但每個人都可以在說話時面帶笑容。

重點在於用開朗愉快的態度說話。

從前，我有一位學弟曾跟我說：「我真的超沒女人緣。」接著又繼續說：「唯一一次交到女朋友，我們交往了五年，我覺得時間差不多就求婚了。結果她竟然跟我說：『我們個性不合沒辦法結婚。』就這樣拒絕我了。我心想她怎麼不早點說呢！」當時他大笑著說出這段話。

他說話時的語氣實在太開朗了，讓我的心情也不禁跟著開朗了起來。

我的意思並不是「不能用軟弱的態度說出自己的弱點」。

很多人在提及自己沒信心的弱點時，會想要用很沒自信的語氣說出口，不過這也不對。

即便是自己比較沒信心的事情，也可以用光明正大的語氣說出口。因為反正都是要說出來的。

我們學校舉辦過很多次關於克服社交障礙的講座。

大家都會在講座上互相分享自己失敗的經驗。

「我在這種情況下很容易緊張……」

「我有這種心理創傷……」

「我更嚴重……」

當大家開始吐露失敗經驗，就會漸漸演變成互相比較誰更淒慘，對話就變得越來越熱烈。

最後大家會這麼說：

「原來不是只有我這麼煩惱，真是太好了！」

弱點雖然會讓人感到自卑，不過有時候也會轉變為一股能量，帶給對方勇氣。

即便自認為是弱點，也只要用開朗愉快的表情說出口，就能變成笑點。

說話方式的正解

比起內容好不好笑，更重要的是要笑著說出口。

方法 20
能提升對方自我肯定感的說話方式是？

這樣問或許有些唐突，不過，在你身邊有沒有感覺起來「毫無價值」的人呢？

例如：職場、客戶、家人、朋友……等等。

我身邊沒有這種人。

我的公司員工、客戶、家人、朋友們平時總是不吝幫助我，我認為大家都是很美好、很有價值的人。

這是我的真心話。

你呢？看著自己的孩子，應該會覺得他光是活在這個世界上就充滿意義，甚至是便利商店店員、車站站務人員等，每一位都深具存在的價值。

「這世界上絕對沒有毫無價值的人。」相信你一定會同意我這句話。

為什麼我要突然說這些呢？因為最近掀起熱議的「自我肯定感風潮」，讓我感到非常憂心。

所謂的「自我肯定感」，簡單來說就是「肯定最真實的自己」。

換句話說，就是**感受到自我存在的價值**。

這幾年來，在各種媒體中都經常出現「自我肯定感」這個關鍵字；去一趟書店，也能看見陳列架上滿是關於「提升自我肯定感」的書籍一字排開。

網路上也一樣，從二〇一七年左右開始，許多文章中都出現「自我肯定感」等字眼，電視節目甚至還製作了特集報導這個現象。

總而言之，現在自我肯定感低落的人正急速增加中。

「自己一點價值也沒有。」

「我幫不上任何人的忙。」

「我一無是處。」

正因為抱持著這樣的想法，對自己毫無自信的人越來越多。

所以，「提升自我肯定感的方法」這種關鍵字才會在社群網站中爆紅，在許多部落格中都可以看到相關文章，電視上也不停播放相關內容。

大家不覺得很不可思議嗎？

自己身邊明明就**沒有任何人是毫無價值的**。

但卻有很多人都**認為自己毫無價值**。

如果有人沒辦法感受到我的驚訝，我要再說一次：

在我身邊，沒有任何人毫無價值。

但是卻有很多人認為自己毫無價值。

也就是說，很多人都沒有察覺到，在別人的心中自己是很有價值的人。

人類很難感受到自己的價值。

暫且不論那種每天都會站在鏡子前自我陶醉的人，一般人通常都不會對自己這麼有自信。所以，我的結論是，必須要有人來告訴別人他的存在價值。

所謂能提升對方自我肯定感的說話方式，就是告訴對方他的存在價值。

具體而言，下列對話就是能提升對方自我肯定感的說話方式。

「田中，謝謝你幫我列印，真是幫了我一個大忙。」

「鈴木你的計算速度好快喔！下次教我你是怎麼算的吧！」

「佐藤竟然能從那種地方想出如此巧妙的構想，真的太厲害了！」

「我覺得高木你一定可以辦得到。」

「我相信伊藤你一定可以克服這個難關。」

▼▼▼提升對方自我肯定感的說話方式

「我覺得你的○○優點很有價值。」

「我相信你的○○能力。」

請大家利用這個方式，對你身旁的重要人士說出你心裡的感受吧！只要將你在對方身上所感受到的長處填入○○中就可以了。

在健身鍛鍊時，很容易可以鍛鍊出胸肌，但背肌卻很難鍛鍊。

你認為原因是什麼呢？因為自己看不見背後的關係。大腦很難專注於自己看不見的地方。

這跟自我價值是一樣的。

因為自己看不見，所以才需要有人特地告訴自己。

「○○總是很有活力地向大家打招呼呢！聽到你的聲音真讓人高興。」

「一回神才發現你幫我換了碟子，你觀察力真敏銳。」

像這種微不足道的小事，對方也是自然而然就做了，通常不會察覺到自己的體貼。

所以請大家一定要將這些化為言語，好好傳達給對方。

這些充滿能量的話語，一定會成為對方人生中的力量。

說話方式的正解

將一個人的價值化作言語告訴對方。

方法 21

該如何面對別人一副高高在上的語氣？

「高高在上的語氣。」

在日文中，這句話源自於格鬥技中的「雙騎勢」，也就是像騎馬的姿勢一樣騎在對手身上。

後來演變成把自己放在更高的位置貶低對方，以言語行為表現出「自己高高在上」充滿優越感的態度。

舉例來說，自己明明一句話也沒問，對方就滔滔不絕地炫耀：

「我是○○大學出身的喔！」

「我前陣子在夏威夷花了五十萬。」

「我跟〇〇藝人很熟。」

「平時還是要多讀一點尼采才行。」

或許你身邊就有這樣的人也說不定。

「該如何面對那些喜歡擺出一副高高在上態度的人呢？」

每當有人問我這個問題，我都會給出同樣的答覆。

「就讓他高高在上吧！」

反正也沒必要跟這種人認真，就算讓他高高在上地裝腔作勢，自己也不會少一塊肉。

不過，如果覺得這樣做得不償失，待會再告訴大家該如何回應。

我想先提醒大家一件事：

「認真就輸了。」

儘管大部分的藝人對於網路上的負評都會採取無視的態度，不過也有些藝人會在推特（已改名為「X」）上跟民眾開戰。這麼一來，反而是藝人會被炎上，招來嚴厲的批評。

換句話說，正面開戰反而是火上加油。

在心理學中，區分自己與別人的界線稱為「心理界線」（Boundaries），這是一個很重要的想法。

也就是說，在面對外界時，你也可以選擇**不跟別人一起踏入戰場**。

話說回來，遇到別人在自己面前裝腔作勢時，究竟該怎麼做呢？

平常喜歡高高在上流露優越感的人，通常並不會意識到自己正在「裝腔作勢」。

我們學校裡有一個課程是「請你高高在上地裝腔作勢」。

這時會發生很有趣的事。

當面要大家「裝腔作勢」時，反而會讓人說不出：「我學歷很高」、「我在更好的公司工作」。

當一個人意識到什麼是在裝腔作勢後，就不會再這麼做了。

反過來說，就是因為沒有意識到，才會表現出裝腔作勢的言行。這就是為什麼我說：「會裝腔作勢的人，沒有意識到自己在裝腔作勢。」

這是一件很可怕的事。

所謂沒有意識到，就代表每個人都可能會在不知不覺中，在別人面前擺出高高在上的態度裝腔作勢。

也許你會認為：「不可能，我才不會這樣。」但事實如何沒有人知道。

舉例來說：

「〇〇經營個人事業，時間很自由，真令人羨慕啊！不像我在大公司上班，上下班時間都很嚴格……」

「〇〇也去留學了呀！我當初去巴黎留學時就花了四百萬呢。」

雖然只是舉例而已，不過是不是也很接近你平常會說的話呢？

我自己也有過這種尷尬的經驗。當別人問我：「你現在想要什麼呢？」我毫無自覺地就說出了：「時間。」

那瞬間，現場氣氛變得非常詭異，讓我不禁覺得奇怪。

仔細想想才發覺，在那之前有一位自由工作者才剛提到：「最近時間多到不行。」我完全說錯話了……

當別人一副高高在上的態度裝腔作勢時，只要輕描淡寫地回一句：「這樣啊」就夠了。這也是可以讓對方察覺「自己剛剛是不是試圖裝腔作勢」的機會。

所謂「見不賢而內自省」，不妨把對方的表現當作借鏡，順便反省自己。

當對方高高在上裝腔作勢時，也許正是提升自己溝通能力的大好良機。

即便是喜歡裝腔作勢的人，也可以從他身上學習到東西，讓自己當一個積極、吸收快又有建設性的人吧！

我認為這樣的人，才能吸引人們靠近。

說話方式的正解

將別人的優越言語化為反省自己的力量。

第

三

章

在工作上開花結果的說話方式

方法 22

溝通的真諦是「聆聽的態度」？

來我們學校聽講的同學們，很多人都反應：「對自己沒有自信。」大家感到不安的原因在於：「不知道會不會有人願意理解、接受自己，真的煩惱不已……」

對人類而言，最擔心的莫過於別人是否能理解自己。

正因為如此，**人們只要感覺到有人聆聽自己說話、願意理解自己，就會對那個人產生極大的好感**。

我認為能在商場上大獲成功的人，都是極為擅長聆聽別人說話的人。聆聽別人說話，正是必須賭上人生挑戰的重要課題。

現在就要進入正題。

要是深入探究聆聽這件事，會發現**積極聆聽（Active Listening）**這個詞。這是美國心理學者，也是世界上首屈一指的心理諮商師卡爾・羅傑斯（Carl Rogers）所提倡的概念。

積極聆聽的基礎為**「同理」**。

也許你也曾被別人說過：「要試著同理別人的感受。」

站在對方的立場來看，在說話時別人一直反駁自己，感覺一定很討厭吧！唯有當別人同理自己時，才能更輕鬆地把話說出口。

那麼「同理」又是什麼意思呢？

事實上，大家在提到「同理」時，經常弄錯同理的定義。

大家也許會誤以為同理是下列的意思：

「應該是理解對方的心情吧！」

「不是與對方產生同感嗎？」

其實並非如此。

所謂的同理，並不是「理解」對方的心情。

而是「表現出理解」。

並非「產生同感」，而是「表現出產生同感」。

大家掌握到這之間的差異了嗎？

要「表現」出「理解」與「同感」，才是「同理」。

舉例來說，假設有一個人陪著你一起哭泣，此時你應該會覺得自己獲得同理了。

因為對方並不只是感受到哀傷的心情而已，甚至還以行為表現出來了。

同樣地，有人只在嘴上說「好好笑」，有人卻一邊說「好好笑」一邊跟你一起捧腹大笑，你也會覺得跟你一起大笑的人更同理自己吧！

因為對方也會很擔心，自己說的話是不是真的能傳達給你。

所以當對方沒有感受到自己正被聆聽時，就會重複詢問好幾次：「喂，你有在聽嗎？」、「你有聽懂嗎？」

因為很重要，容我再說一次：

所謂的同理是——**「表現」出「理解」與「同感」**所組成的方程式。

請大家看看下列的對話，參考不好的回答與好的回答吧！

A「這禮拜開始在新的職場上班，總覺得好累喔……」

×B「這樣啊！在新的職場一定處處都要很小心吧！」

×的原因：對方並沒有說：「處處都要很小心。」

○B「在新的職場很累吧！」

○的原因：A吐露自己在新的職場上感到「好累」。此時只要針對「好累」回應，表示出自己理解對方的心情。

A「最近氣候太乾燥了，肌膚乾荒的情形很嚴重……」

×B「因為季節太乾燥了。」

×的原因：沒有提到關於「肌膚乾荒的情形很嚴重……」

○B「在乾燥的季節裡，肌膚乾荒的問題真的讓人很困擾耶。」

○的原因：表現出理解A所說的「嚴重……」，再說出「肌膚乾荒的問題真的讓人很困擾」，表示自己理解對方的心情。

A「我已經連續上六天班了……真想休息一下。」

×B「好辛苦喔！」

○B「這樣真的會很想休息耶。」

A「禮拜一要去公司上班真是提不起勁。」

×B「我懂我懂～」

○B「真的很提不起勁耶，有發生什麼事嗎？」

看完上述的例子會發現，唯有**互相交換感受**才是同理。而同理可以用言語表現出來。

當你擁有同理能力後，你會發現獲得同理的經驗也會越來越多。

因為當對方接收到你的好意後，也會受到想要「回報」的心理而對你展現出同理。

擁有了同理能力後，便能與周遭旁人產生越來越緊密的連結，讓你的人生漸漸往好的方向邁進。

請大家一定要好好精進自己聆聽的態度，讓人際關係發展得越來越好吧！

說話方式的正解

「表現」出「理解」與「同感」對方的心情。

方法
23

在公司內不得罪人的說話方式是？

如果你自認為「我說話才不會得罪人」，那麼就可以先跳過這一節了。

在公司裡說話得罪人是我自己不堪回首的經驗談。

當我剛開始創業成立說話學校時，講師只有我一個人，客戶則是一位也沒有。在完全沒有人脈與經驗的情況下，我只能一一走訪各地露臉，拚命宣傳自己。在這過程中，我曾說過這些話：

「在商務交流聚會中，要大聲說話突顯自己。」

「就算會冷落別人，也要先讓自己出風頭。」

「遇到跟自己意見不同的人，就要反駁對方讓自己占優勢。」

現在回想起來，當時的我真是糟透了。

當時的我根本完全搞錯了「鋒芒」的定義。

明明希望有人可以幫我，但身邊的人卻漸漸離我遠去，一回神才發現我的周遭滿是敵人。

此時，有一位經營公司的前輩對我說：

「你的神情看起來很可怕喔！」

聽到前輩這麼說之後，我對著鏡子仔細研究了自己的五官。

雙眼往上吊，臉龐彷彿戴上了兇惡的面具般嚇人。成天頂著這副臉孔，當然不會吸引別人靠近自己。

之後經過了多年的努力，現在我終於有能力在日本全國舉辦講座，超過五萬人參與課程，旗下超過一百位講師。目前也收到無數的講座舉辦邀約，真的非常感謝大家支持。

根據以往的種種經驗，我現在想要告訴大家在公司裡不會得罪人的說話方式。

首先要先來探討，為什麼會得罪人、為自己製造出敵人呢？正是因為人與人之間有著所謂的「ＶＳ構造」。

你ＶＳ對方。

換句話說，你與對方是對立的兩方。

一般人可能會認為，只有當自己與對方意見相異時，才會出現這種構造，但實際上並非如此。

在日常生活與工作場合中，自己與別人意見不同的時刻實在太多了。不過，有的人會因此得罪別人，但有的人卻不會。

這兩者之間的差異在哪裡呢？

平時容易得罪人的人，是因為**不會接納別人的意見**而造成彼此之間的敵對狀態。

當自己與對方意見不同時，這種人會立刻反駁「才不是這樣」、「不是的」、「你搞錯了」，與對方開戰。

一旦如此，雙方之間肯定會形成所謂的ＶＳ構造。

另一方面，不會得罪別人的人，則會採納對方的意見。

當一個人採納對方的意見時，會怎麼說話呢？

「**理解了**○○的話之後，我會這樣覺得……」

「**考量到**○○的意見，我覺得應該也可以這樣說……」

「我一直將○○的想法**放在心上**，所以我還是想要這麼做……」

言談中出現「理解」、「考量到」、「放在心上」，就表示自己採納了對方的想法。

在任何場合中都一樣，所有人不可能都抱持著相同的意見。如果是所有人都想法一致的組織，也不可能有任何發展或成長，反倒是一件很恐怖的事。

正因為如此，就算別人抱持不同的意見也無妨，當自己跟別人意見不同時，**要不要接納**就成了會不會得罪人的分水嶺。

要是踐踏別人的想法，就會引來怒火。此時對方會覺得自己被否定，甚至還可能會流露出兇惡的一面也說不定。

如果可以把「考量到〇〇的想法」這句話當成口頭禪，會發生一些意想不到的趣事。

會說出「考量到」，就表示自己有認真聽取對方的想法，否則是不可能將對方的想法放進考量的。

這麼一來，就能自然而然養成習慣好好聆聽對方說話了。

光是這麼做，就可以消滅周遭的敵人。

就算彼此意見不同，但只要屬於同一個場域中，就應該與對方朝向同樣的目標邁進才對。

所以你該做的不是與對方爭執開戰，而是互相幫助、同心協力，營造出強韌緊密的關係一同達成目標，才是最佳途徑。

說話方式的正解

不要踐踏對方的想法，而是要悉心接納。

方法 24

公司內部提案、報告、聯絡、討論的簡潔重點彙整訣竅

「我被別人罵：你在說什麼我完全聽不懂！」

有一位參與課程的學生，與我分享他的切身之痛。

他似乎經常被主管這樣責罵。

在商務場合中，比起自己一個人長時間說個不停，大部分在報告、聯絡、會議時的發言，還是必須掌握在短短三十秒到一分鐘之間，應該先整理好重點再發言。

一般書籍與講座都會建議大家採用下列幾個簡短彙整重點的方法：SDS法則、Whole-Part法則、PREP法則與金字塔構造等等。

簡單來說，在說話時有所謂的「架構」可以依循，只要按照一定的架構就能表達得更清晰易懂。

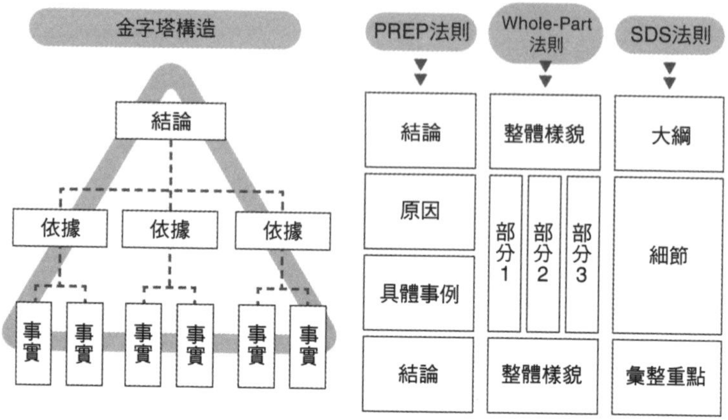

各式各樣的說話架構

接下來就要利用Whole-Part法則與金字塔構造，示範彙整說話重點的訣竅。

例「美味咖哩的製作方式」

▼▼▼Whole-Part法則

整體樣貌：美味咖哩的製作方式。

部分1：將洋蔥拌炒至呈現金黃色。

部分2：加入紅酒提味。

部分3：分別加入半塊中辣的「馥醇咖哩塊」與半塊辣味「佛蒙特咖哩塊」。

整體樣貌：上述三步驟就是烹調出美味咖哩的訣竅。

▼▼▼金字塔構造

結論：美味咖哩的祕訣在於洋蔥的拌炒方式。

依據：將洋蔥拌炒到呈現金黃色，洋蔥的甜味就會與咖哩的辣味巧妙融合，帶來驚人的美味。

事實：詢問過一百位咖哩達人後，有八成都回答「咖哩的關鍵是洋蔥」。

如果有人問你：「請你簡短彙整出美味咖哩的製作方式」，你會怎麼回答呢？

聽到這個問題後……有沒有人還是覺得自己「回答不出來」呢？

「這道咖哩究竟是**誰**要吃的呢？」

答對了！就是這樣！

在製作美味的咖哩之前，一定要先確認「這是誰要吃的呢？」

是食慾旺盛的小孩要吃，還是喝完酒回到家的丈夫要吃的？

如果是食慾旺盛的小孩要吃，咖哩中就不會加入紅酒提味。

徹底想像對方的腦海，就是這麼一回事。

在彙整說話重點時，請依照下列的順序思考看看。

對誰？

做什麼？

要怎麼做？

這是在整理話語時最重要的基礎。

「對誰？」：對部長說，還是對新來的打工人員說呢？

「做什麼？」：這是提案、報告，還是討論呢？

「要怎麼做？」：終於輪到SDS法則、Whole-Part法則、PREP法則與金字塔構造出場了。

「對誰、做什麼、要怎麼做」。

也許有些人會覺得，事到如今還要學這麼基礎的事嗎？

不過，在我舉辦的講座中，當我詢問大家：「請你簡短彙整出美味咖哩的製作方式」時，幾乎所有人都會直接採用剛才提到的SDS法則、Whole-Part法則、PREP法則與金字塔構造來回答。

「不好意思，請問咖哩是誰要吃的呢？」一百個人裡面，大概只有一個人會這麼反問。

無論是SDS法則、Whole-Part法則、PREP法則與金字塔構造等，都是在說明時很重要的架構。

不過，要是對這些架構太深信不疑，很可能會遺漏掉最重要的東西。

那就是對方的形貌。

隨著傳達的對象不同，說話內容會截然不同；整理重點的方式當然也會產生改變。

「這些話是要對誰說的呢？」在思考這個問題時，腦海中應該要浮現出對方的形貌才對。

請大家一定要養成習慣，在彙整說話重點時先思考說話的對象是誰。

說話方式的正解

以「對誰↓做什麼↓要怎麼做」的順序彙整出簡潔的重點。

方法

25

最強簡報流程是？

應該有很多人都會需要在商務會談、公司內部會議時製作簡報吧！

你製作簡報的目的是什麼呢？

是為了表達自己的想法嗎？

還是為了勸說對方呢？

這些目的可能都包含在內。

不過最重要的目標，應該是**為了解決問題**。

你之所以會向客戶進行簡報，是因為希望解決客戶的煩惱。

在公司內部會議中之所以要針對新產品做簡報，是因為這世界上有很多人抱有同樣的困擾。

甚至是改變公司內部結構的簡報，應該也是為了解決某些問題吧！

我認為一定是為了要解決問題，才必須做簡報。

所謂的問題，指的是現況與未來的差異。

舉例來說，現況是考試只能考四十分，但原本是希望考八十分，四十分還離標準差得很遠。這就是問題所在。

只要把解決問題的概念放在核心，簡報的流程是大致固定的。

也就是下列三步驟：

現況→未來→對策

現況：「您有這樣的問題嗎？」

未來：「如果可以變成那樣的話，就太好了。」

對策：「這項產品就能解決您的問題。」

現況：「這世上有人對某件事深感困擾。」

未來：「這樣做就有很多人可以受惠。」

對策：「所以這次就在市場上推出這項產品吧！」

現況：「公司內部產生了這樣的問題。」
未來：「公司內部需要做出某些改變。」
對策：「為了實現這些改變，我提案〇〇。」

此外，我現在還要告訴大家更重要的事。

這三個步驟如果只存在於你的腦海，是行不通的。

你也有**在對方的腦海建構出這三步驟**嗎？

這才是重點。

「從頭到尾只說明了產品內容……」

「我拚了命地說明，對方的反應卻非常冷淡……」

如果你有這樣的煩惱，也許就是你從頭到尾只著眼於傳達內容，卻忽略了上述三步驟的緣故。

如果是為了解決問題而努力做簡報的人，並不會勉強對方一定要購買、強迫對方一定要有所行動。

這種居心很快就會被對方一眼看穿。

「我想利用〇〇來解決人們的困擾。」

「我想解決社會上〇〇的問題。」

「我想改善公司裡的〇〇。」

說話時應該把焦點放在這裡。

如果是這樣的簡報內容，就能讓人感受到你的熱情。

因為你認真的態度已經傳達給對方了，對方不知不覺中就會把你的話聽進去。

這麼一來，你自然而然便能掌握對話的節奏。

當你決定要簡報某件事物時，在思考內容「要說什麼」之前，應該先從下列的空格開始填起。

▼▼▼簡報主題

現況：「　　」

未來：「　　」

對策：「　　」

解決了一個問題之後，接下來還會產生新的問題。

舉例來說，已經成功減重的人，接下來就必須面對該如何維持的問題。

而且不只是維持而已，如果那個人還希望練出肌肉，就還會遇到新的問題。

眼前的課題有所改變是一件好事。

因為這就是進步的證明。

所謂的進步，正包含了眼前課題的變化。

為了解決問題，就必須思考「現況↓未來↓對策」。

然後，遇到下一個階段的問題時，再繼續以「現況↓未來↓對策……」的模式進行簡報。

我認為這才是簡報的真諦。

說話方式的正解

在對方的腦海中建構出「現況↓未來↓對策」。

方法
26

讓說明變得流暢的祕訣是？

平時能流暢說明的人，表示他非常擅長在對方腦海中創造出具體的印象。

為什麼只要對方可以在腦海中浮現出具體印象，就能輕易理解呢？

這是因為比起從耳朵聽到的資訊，從視覺接收的資訊更容易被大腦吸收、描繪出具體印象，因此會讓人更容易理解。

例如，在口頭上說：「猜謎遊戲中回答出正確答案，就可以獲得獎金一百萬」，或是直接擺放出「獎金」實際讓人看見一百萬，哪一種方式會帶來更深的印象呢？

當然是真正的一百萬囉！

當一個人親眼目睹真正的獎金時，無論是外型、顏色、立體感都盡收眼底，大腦接收到龐大的資訊量，當然會比口頭傳達更令人印象深刻。

那麼，要怎麼做才能讓對方的腦海中浮現出具體印象呢？

答案是：「你自己要先用力想像出一百萬元。」

關於這方面的技巧，不妨參考搞笑藝人或落語家的說話方式。

落語家正是讓對方腦海中浮現出具體印象的達人。

在古典落語中，有一個著名的段子名為「害怕饅頭」。這個段子當中會出現許多登場人物，讓故事漸漸發展開來。

但實際上，舞台上只有落語家一個人而已。

不存在於自己腦海中的事物，也不可能讓對方的腦海無中生有。

舉例來說，如果有人要你「說明『鵺』是什麼」，你腦海中沒有關於鵺的概念，就無法說明。

順帶一提，「鵺」是日本古代傳說中的一種妖怪。

在這個世界上，有些人很擅長在自己腦海中具體想像，有些人則不然。

現在請大家試著在腦海裡想像「香蕉」。

儘管大家現在想的都是「香蕉」，但還是會出現下列的差異：

❶模模糊糊浮現出香蕉的模樣；
❷腦海中明確出現黃色的香蕉；
❸甚至還想到香蕉皮上的黑色斑點。

你是屬於哪一類型的人呢？

因為越能在腦海中浮現具體細節的人，越能向對方具體說明，更容易把想說的事傳達給對方。

這種具體想像的能力，可以藉由訓練來培養。

假設你是一位汽車經銷商，只用「這台箱型車寬敞舒適可容納八人」這樣的文字來傳達資訊，也無法讓顧客腦海中浮現出車子的具體樣貌。

向顧客傳達之前，在你自己的腦海中應該要先有強烈的具體印象：

「今天全家人一起出門野餐。白色箱型車在筆直的道路上馳騁前進，右手邊可以看見青翠的高山，孩子們的嬉鬧聲讓整個氣氛都歡快起來。妻子臉上也泛起了微笑……」

整個人彷彿正在觀賞電視上的廣告一樣。這麼一來，就可以向顧客傳達出鮮明的樣貌：

「這台廂型車很讚喔！空間寬敞舒適，孩子們肯定會超愛這台車，太太也一定會喜歡。有了這台車，就會讓人很期待帶全家出遊呢！一定可以為家人製造出很多美好的回憶。」

在公司內部說明企劃案時也一樣：

「如果這項產品可以賣出一百萬個，到時候走在路上一定到處都可以看到這項產品，在澀谷也會掀起討論，形成一股很不得了的社會現象……」

自己的腦海中要先浮現出這樣的畫面，再向對方進行說明。

感覺就像是將自己腦海中浮現出的畫面，複製到對方的腦海裡一樣。

想像畫面。

雖然說起來容易，但要養成習慣卻不簡單。

不過，**難只難在要「養成習慣」**，養成習慣後就輕鬆多了。

只要訓練三個月左右，大腦就可以在當下立即描繪出「即時畫面」。

養成想像畫面的習慣，一定可以喚醒你的說明能力。請大家積極嘗試看看。

說話方式的正解

在自己的腦海中描繪出具體畫面，
並投射於對方的腦海中。

方法 27

你說出來的話就像詩一樣虛無飄渺嗎？

「你到底在沒頭沒尾地說些什麼呀？是在吟詩嗎？」

我二十幾歲時，常被當時的部長這樣斥責。

詩當然沒有不好。

部長想說的是：「你說的話太抽象、太虛無飄渺了！說得清楚具體一點！」

從那時起，我才領悟到原來說話有分為**「抽象」**與**「具體」**，並且在說話時留意這一點。

我的意思並不是「抽象的話語不對，具體的話語才對」。

問題在於抽象與具體的程度適不適合對方。

舉例來說，當別人問你：「你喜歡動物嗎？」此時回答：「我喜歡狗。」就會顯得很不自然；若是別人問你：「你喜歡狗嗎？」此時回答：「我很喜歡動物。」也感覺很奇怪。

因為動物的概念比較抽象，狗則比較具體。

重點在於回答時，你的答案是否符合對方期望的具體程度。

話說回來，你有被別人這樣說過嗎？

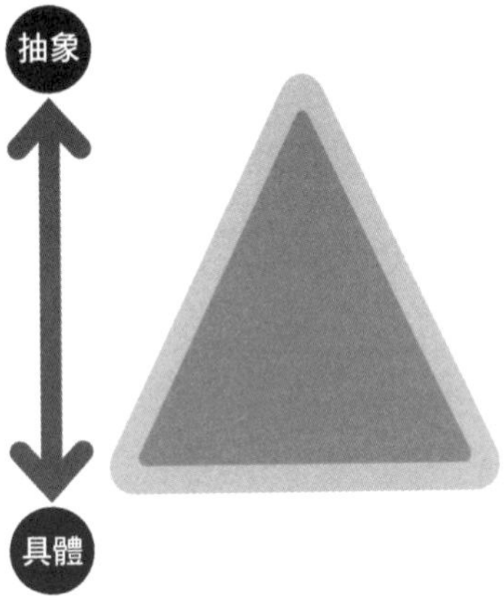

抽象與具體

「你說的話太抽象了，我聽不太懂。」

「你說的話太具體了，我聽不太懂。」

如果你「都沒被這樣說過」，就勉強選一個比較符合你平時說話調性的吧！

事實上，當我詢問參與講座的同學們這個問題時，絕大多數的人都跟過去的我一樣是屬於「太抽象了聽不懂」。

雖然也有少數人是屬於「太具體了聽不懂」，不過通常是某方面的專家，或某些事物的狂熱者才會出現這樣的傾向。

你覺得為什麼大多數人說出的話語都是傾向「太抽象了聽不懂」呢？

這是因為要說出具體的話語，會對大腦造成負擔的緣故。

當別人詢問：「員工旅遊好玩嗎？」回答：「嗯嗯。」這種抽象的回覆對大腦而言比較輕鬆。

如果要說出：「那邊的海邊景色真是美極了。」這種具體的回覆，就非得使用大腦回憶不可。

當別人詢問：「這個好吃嗎？」回答：「嗯嗯。」也是一樣的道理。就算食物真的很美味，要把好吃的原因化成言語，也非得動腦思考不可。

所以對大腦而言，使用抽象的言語來表達會比較輕鬆。

不過，正因為很多人都不擅長具體地說話，要是能克服這個關卡，就可以成為很難得的人才。

我希望大家一定要學會具體表達的方法。

那麼，具體表達的方法究竟是什麼呢？

只要練習用「具體來說」當作一句話的開頭，就可以說出具體的內容；這也是理所當然的。

當一個人開口說出：「我很喜歡吃壽司，具體來說……」接下來自然而然會說出具體的內容：「像是鮪魚壽司、鮭魚卵、星鰻。」等等。

只要說出**具體來說**這四個字，腦海裡就可以想像出具體的事物。

例如：

「我想要改一改早上的生活作息。具體來說，前一天晚上十點就寢，將鬧鐘調在早上五點，然後六點出門去慢跑。」

「我最近想要挑戰自我。具體來說，一個月交出一個新企畫。」

就算不特別說出「具體來說」這四個字，也請改在心裡默念「具體來說」。例如：

「我這個人比較容易擔心。出門前我會檢查三次有沒有鎖門，不然沒辦法放心。」

「我的手很巧，我可以在米粒上畫畫。」

這麼一來，你所說出的話就會變得非常具體。

我的自我介紹上有這麼一段話：「在研討會及講座中，短短六十分鐘內就引起二十次以上哄堂大笑，全場歡聲雷動，最後再以『震撼心靈課程』為觀眾帶來震懾人心的感動」。

我特地寫了「短短六十分鐘內就引起二十次以上哄堂大笑」這種看起來難度很高的事蹟，但如果寫「活潑有趣的研修課程」，就不會給人帶來深刻的印象了，所以才必須寫出具體的內容。

也因為如此，我收到了很多委託我舉辦講座的邀約：「如果真的這麼有趣，我們也很想聽聽看。」

如果你的腦海中暫時還沒浮現出具體的事物，請一定要試著在話語中加入「具體來說……」這四個字。這麼一來，你的腦海中一定可以交織出許多具體的事物。

說話方式的正解

將虛無飄渺的抽象話語轉變為更具體的內容。

方法

28 你是否不擅長表達自己的感受？

「我常被別人說：『不知道我在想什麼。』」

「我很不擅長表達出自己的情緒。」

前陣子，我們學校的同學向我吐露上述的煩惱。

事實上常常有人提出這類「不擅長表達感受」的問題。

即使不把情緒表露出來也不會造成任何問題，我覺得無妨。

不過，站在對方的立場來看，看不出來你是否「高興」、「開心」、「悲傷」、「難過」，就好像對著一面牆壁說話一樣，應該會覺得很難與你溝通。

平時不會將情緒表露出來的人，最大的特徵是什麼呢？

那就是**不把感受說出口**。

因為平時不把感受說出口，自然也無法將感受傳達給對方了。

不擅長表達感受的人，說起話來會是這樣的：

「今天早上我睡過頭，匆匆忙忙準備出門後，直接前往客戶那邊，做完簡報後才終於拿到了合約。」

雖然我寫得有點極端，不過這樣的人的確傾向只說「發生什麼事」，也就是事情的**經過**。

反之，擅於表達感受的人則會這麼說：

「今天早上睡過頭我心想『**完蛋了**』，匆匆忙忙準備出門後，直接前往客戶那邊。好不容易趕在約定時間前抵達，才『**鬆一口氣**』一下下而已，就立刻向客戶做簡報，焦急緊張之下，我的心臟『**撲通撲通**』地狂跳，最後終於拿到合約時，我在心裡歡呼：『**太棒了！**』」

這樣的人會明確說出「感受到什麼」，也就是自己的**心情**。

我只是試著在『』內加入感受而已，光是這樣就可以傳達出相當真實的情境。

簡單來說就是：

不擅長表達感受的人，只會闡述「發生什麼事」，也就是事情的經過。擅於表達感受的人，則會明確說出「感受到什麼」，也就是自己的心情。

也許有些人會想：「感受又不是只能用言語來表達？」

沒錯，的確如此。

在「方法7」與「方法10」當中也有提到，除了言語之外，表情、肢體語言也能傳達出一個人的感受。我當然也很建議大家這麼做。

不過，**為什麼我會更希望大家利用言語來表達感受呢？因為這樣可以幫助大家意識到自己的感受。**

當一個人把開心、高興、悲傷、難過等心情訴諸言語時，會先需要在腦海裡將這些感受轉換為文字。

這麼做的前提是，必須先掌握好自己的感受才行。

步驟是這樣的：

掌握自己的感受↓在腦海中轉換為文字↓訴諸言語

書寫日記之所以可以幫助自己整理、察覺情緒，就是因為經過了上述步驟的緣故。把自己的感受訴諸言語，可以讓人意識到自己的感受。

意識到自己的感受，還能帶來一個好處，那就是同時也能讓自己察覺到對方的感受。

假設你聽到了下列的對話：

例 「上個月我感染了新冠肺炎，發高燒在床上躺了整整兩個禮拜，工作毫無進度，真的很慘。」

▼▼▼×沒有意識到對方感受的人，會這麼回應：

「咦！你得了新冠肺炎啊！」、「發高燒大概是幾度？」

「那兩個禮拜有隔離嗎？」、「保健所有每天跟你聯絡嗎？」

這樣的人只會詢問自己想知道的事情。

▼▼▼〇有意識到對方感受的人，會這麼回應：

「那一定很不舒服吧！」

「真是太慘了！」

「工作毫無進度，一定讓人很焦慮不安。」

這樣的人在回應時會貼近對方的感受。

不擅長表現出感受的人，不妨先從寫下自己的情緒開始做起。如果嫌寫日記麻煩，只做點記錄也無妨。

請大家試著回想當天發生的事，自己究竟是「開心」、「高興」還是「難過」，先把這樣的感受化為文字書寫下來吧！

多重複幾次這樣的練習後，就能讓人自然而然注意到自己的感受，變得更能表達出自己各式各樣的感受。

說話方式的正解

比起「發生什麼事」，更重要的是將「感受到什麼」訴諸於言語。

方法

29

犯錯時，該如何高明地道歉？

相信大家應該都有在工作上犯錯、必須向對方道歉的經驗。

這種時候，你會在心裡設定道歉的目標嗎？

也許你會想：「道歉的目標？道歉的目標不就是道歉嗎？」

不過，有時候就算自己道歉了，依然無法撫平對方的怒氣，對方還會一直針對犯錯的原因絮絮叨叨，指責自己「下次還是會犯同樣的錯誤！」好像無論如何都沒辦法達到道歉的目標。

所謂道歉的目標，應該是撫平對方的怒氣，找出犯錯的原因，並確立起以後不會再犯同樣錯誤的對策。

如果可以達到這樣的理想狀態，應該也能**讓對方敞開心胸接受你的道歉**吧！

換句話說，如果對方有告訴你這句話，就表示這件事已經可以畫下句點了。

「好吧，下次再請你多注意囉！」

「我明白了，下次再請你多多指教。」

為了可以聽到對方如此回覆，我現在要告訴大家正確的道歉順序。若是站在對方的立場來思考，流程應該是這樣的：

步驟❶止住對方的怒氣；

步驟❷找出犯錯的原因；

步驟❸確立以後的對策。

這樣的順序非常重要。

現在來看看具體範例吧！

假設在職場上發生了下列對話：

**主管：「你還沒把資料傳送給田中商事嗎？都已經過一個禮拜了！為什麼還沒

送去？（主管非常生氣）」

下屬：「因為沒有人跟我說要什麼時候送去……（告訴主管自己為什麼還沒傳送的原因）」

解說

因為主管詢問自己「為什麼？」，下屬就如實說出了「原因」。但這麼做只會給主管的怒氣火上加油而已。

這就是沒有按照「止住怒氣↓原因↓對策」的順序，才會發生的結果。

如果沒有真正理解這個流程，永遠都沒辦法讓對方接受自己的道歉。

正確的流程應該是這樣：

步驟❶止住對方的怒氣

(1) 徹底表達出自己的道歉之意

就算你並沒有真的做錯什麼事，只要你讓對方感到不安是事實，就必須以低姿態向對方道歉：「讓您擔心了，真的非常抱歉。」慢慢向對方道歉，把焦點放在先止住對方的怒氣。

(2) 道歉的程度要超過對方的想像

請擺出誠懇的表情道歉，直到讓對方說出「其實你也不用這麼難過啦」，便能快速撫平對方的怒氣。

如果劈腿的男友跪在玄關前等候，是不是會覺得怒氣稍稍緩和了一些呢？這稱之為灰姑娘效應（Underdog Effect），因為人類有一種心理是會想要對居於劣勢的人伸出援手。

步驟❷找出犯錯的原因

(1) 比起條理分明，小心恭敬的態度更重要

「說明時要條理分明才能讓人容易理解」，雖然這是在說話時一定要遵守的鐵則，但道歉時又是另外一回事了。

當對方問你犯錯的原因時，如果你條理分明地回答「原因有三個」，反倒會讓對方更生氣。這時候請用小心恭敬的態度，每一個字都要細心琢磨，好好告訴對方犯錯的原因。

(2) 不用要同樣火力十足的態度，與正在生氣的對方開戰

如果你用同樣火力十足的態度與對方解釋，只會讓對方陷入憤怒的漩渦中無法抽身。這時候你應該要擺出低姿態，沉著冷靜地與對方對話。

步驟❸確立以後的對策

(1) 不要擅自決定對策

當對方的怒氣已經平息、原因也水落石出之後，對方一定會想要問你以後有沒有對策，可以避免再次犯同樣的錯誤。

到了這個階段，才可以開口提到解決的方法。要是連犯錯的原因都還沒說完，就急著說：「真的非常抱歉，我下次會留意要○○。」也會讓對方覺得：「都還沒深思熟慮就隨便說出對策，下次一定還會犯同樣的錯！」反而會火上加油，讓對方更加憤怒。

(2) 不需要在當下就提出完美的對策

如果可以在當下就提出對策當然是最好，但有時候也可能沒辦法立刻給出明確的答覆。最重要的是要向對方表現出自己「努力預防再次發生」的強烈意志。當你沒辦法在當下找到對策時，可以告訴對方：「在○○之前我會告訴您該如何避免再次犯錯。」

道歉的目標及順序，就是這一節的重點。

目標：讓對方敞開心胸接受自己的道歉。

順序：止住怒氣↓原因↓對策。

只要按照這個順序道歉，就能讓對方好好接受道歉，而且也能讓人對你的印象從「犯了錯讓人火大的人」，轉變為「可以帶來舒暢心情的人」。

所謂危機就是轉機，就是這麼一回事。

說話方式的正解

依照「止住怒氣↓原因↓對策」的順序，讓對方敞開心胸接受你的道歉。

方法30

與意見不同的人交談時，如何避免尷尬？

與意見不同的人討論，稱之為「辯論」。

辯論的英文Debate語源是由「dis（分別、一一）＋battuo（打擊）」所組成，也就是一一反擊對方意見的意思。

而勝負一定是由第三人來評判。

舉例來說，大家想像法院的機制應該就可以理解。辯論的雙方分別是檢察官與律師，最後由法官做出判決。

在娛樂圈裡也有利用辯論的形式來製作的節目，例如朝日電視台播出的綜藝節目《Mad Max TV論破王》，我也在這個節目中擔任評審的工作。

這個節目最受歡迎的單元，就是由活躍於電視與YouTube的hiroyuki與各行業職人或藝人的一對一辯論單元。

每當hiroyuki與對手進行火花四射的辯論時，連旁觀者都會緊張得滿手是汗。

那麼**「辯論」**與**「討論」**的差異是什麼呢？

討論是藉由大家彼此探討研究，歸納出最佳結果的過程。

黑格爾的辯證法提到：

「正」（Thesis）

「反」（Antithesis）

「合」（Synthesis）

在辯論場合中，有人抱持著「正」的意見，也有人抱持著「反」的意見，融合正反雙方的意見後形塑成更高層次的「合」，就是所謂的討論。

舉例來說，假設公司現在要舉辦一場讓客戶前來參加的交流會，大家正在討論會場上該放些什麼餐點。

此時應該會產生下列對話：

「如果用飲料當成甜品，會不會有點空虛？」

「可是，大家在交流會開始前都先用過中式正餐了，如果交流會上還要吃紮實的甜點，感覺似乎蠻沉重的耶。」

「那要不要訂珍珠奶茶呢？」

換句話說，也就是**「正」＋「反」＝「合」的過程**。

簡而言之就是：

必須分出勝負的是辯論。

歸納出最佳結果的是討論。

辯論與討論的目的並不相同。

在公司內部的討論，並不需要分出高下。

怎麼說呢？因為無論是採用誰的意見都好，公司裡需要的是討論，而不是辯論。最後的結果是兩人討論後所產生，所以算是「這兩人的功勞」。

只要能了解這一點，對話時若是發現自己與對方的意見不同，就可以多出許多選擇。

▼▼▼與對方意見不同時的協調方式

例 為了午餐要吃「烏龍麵」還是「蕎麥麵」起爭執時：

❶找出雙方的共同點

「好吧，那就各退一步，吃細麵吧！」

❷找出截然不同的第三個選項

「那這次不要吃烏龍麵或蕎麥麵，改吃壽司如何？」

❸讓步

「那今天就照你說的，吃烏龍麵吧！」

❹認真說明原因，主張自己的意見

「昨天已經吃過烏龍麵了，今天吃蕎麥麵也不錯。」

與對方意見不同時，如果硬要在言語上勝過對方，只會使氣氛變尷尬而已。

因為這麼一來，對方也會不服輸地跟你爭辯到底。

這樣就會演變成要與對方一較高下的辯論了。

這種時候請先喊停，不要逞一時的口舌之快。思考看看是否能使用上述❶～❹的方式，扭轉原本一觸即發的氣氛。

這樣就可以在彼此都心平氣和的狀況下對話，而不會造成尷尬的場面。

說話方式的正解

藉由討論的方式歸納出最佳結果，而非辯論。

方法 31

桐生流的「讚美技巧」是？

「讚美。」

我自認為自己比別人下過更多功夫鑽研讚美的藝術。

請先聽聽我的故事吧！

本書的「前言」中也有提到，我大學剛畢業時，才進公司三個月就慘遭貶職。

雖然我當時負責跑業務，但本性害羞，又不擅於溝通，所以當時根本沒辦法讓客戶跟我簽約。

我下定決心一定要改變自己，於是每天早上七點都去拜訪舊有客戶，然後一直工作到半夜兩點。

再加上馬不停蹄地開發新客戶、電話行銷，每天都行程滿檔，沒有一刻喘息。

就這樣努力打拼了兩年，我終於獲得全國業績第一名的佳績。

在這之前都還算蠻順利的，但接下來馬上就發生了悲劇。

當時我率領著十四位下屬。

我的管理方式非常嚴苛。

當時的我才二十六歲，下屬的年紀幾乎都比我大。

我每天都對他們破口大罵：「搞什麼，連這種事情都做不好！」、「不想做就辭職啊！」

當時整個部門的業績也順利成長，我變得更趾高氣昂，不可一世。

結果，超過一半的下屬都離職了。這完全是我不堪回首的黑歷史。

看到這樣的結果，我才真正把「讚美才能使人成長，而非斥責」這句話銘記在心，透過閱讀、參與研討會徹底學習「讚美」的藝術。

可是，即便如此我還是失敗了。

我按照學來的方式讚美職場中的同事與客戶，卻完全不管用。

感覺起來就像是「被人看穿我言不由衷的讚美」。

明明我也很努力試圖「找出對方的優點」。

而且我也有遵循**「五個真」**的法則來誇獎別人。

也就是**「真不愧是你！」**、**「真的啊？我都不知道是這樣」**、**「真是太了不起了」**、**「你真有品味」**、**「真的是這樣沒錯」**。

這些可說是讚美時最好用的句型。

不過，並不是只要隨時隨地一股腦說出這些讚美人的句子，對方就一定會受用。有時候反而會讓人覺得你別有用心。

這時我才領悟到一件事，那就是「硬是要讚美別人，本來就是不對的」。

我思考出的結論是：**不要讚美別人**。

更重要的是要有所**自覺**。

所謂的自覺，就是自己有所察覺。

也就是回頭反省自己：「如果是我的話，真的做得到嗎？」

例如，當我看到有人每天早上都活力充沛地向大家打招呼，我就會反省自己：「我也可以這麼有精神地向大家打招呼嗎？」

這麼一來，就能察覺到原來自己是做不到的。

一旦有了自覺，就能自然而然脫口而出：「〇〇總是很有活力地跟大家打招呼，真是了不起呢！」

此外，從前有一位女性企業家朋友告訴我：「端正的服裝儀容是對別人的一種體貼。」我不假思索地就回應：「原來如此，我從來沒想過端正的服裝儀容等於是對別人的體貼，您真的很細心。」

就算沒有特別意識到讚美的慣用句「五個真」，自然而然也能用言語表現出來讚美之意。

還有一次，我對下屬說：「〇〇，你可以好好報告三十分鐘真厲害。我在你這個年紀時，都會因為太緊張，只報告五分鐘就結束了呢！」

下屬聽了我這麼說，可能是感到鬆了一口氣而開始啜泣，並開始說出自己的不足之處。

其實我並沒有想要讚美或鼓勵對方的意思。

我只是在反省自己而已。

「我是不是太有自信，覺得自己一定辦得到呢？」

「我是不是太高傲了呢？」

首先，一定要讓自己產生自覺。如果是能有所自覺的人，看到別人的行為時就可以自然而然打從心底感嘆：「那個人竟然可以辦到這種事，真是太了不起了！」

正因為這是自己內心真正的想法，當然能坦率地傳達給對方。

不要勉強自己讚美別人，只要能有所自覺，自然就能湧現出讚美對方的話語。

這就是我對「讚美」的想法。
「我不擅長好好讚美別人。」
「我沒辦法把言不由衷的話說出口。」
如果你正為此煩惱不已，請務必要試試我的方法。
只要這樣做，你跟對方之間的關係一定可以變得越來越緊密。

說話方式的正解

只要有所自覺，
就能自然湧現出讚美的話語。

方法 32

桐生流斥責下屬的方法是？

既然提到「讚美」，就一定會聯想到「斥責」。

活到現在，你曾經受過什麼樣的斥責呢？

你是否曾單方面承受對方的怒火，或是為了自己根本不曾說過、做過的事情被教訓，甚至是遭受人身攻擊呢？

相信大家都有許多苦不堪言的經驗。

對我而言，最難以忍受的經驗是被指責「要有當事人意識」。

所謂的當事人意識指的是「當作是自己的事情主動採取行動」。

我自認為本來就是抱著這樣的心情在工作了，但主管還是不斷指責我：「要更有當事人意識」、「要把工作當作是自己的事」、「好好思考過再行動」。

「要有經營者意識」這句話，更是被說了超過一百次。

不過，當我現在真正開始經營公司後，我敢肯定一件事。

要下屬擁有經營者意識、把自己當作是老闆……**是絕對不可能的！**

因為很重要，我要大聲說出來。

成立公司的人是老闆。

如果可以抱持著與老闆同樣的想法，那直接讓下屬來經營公司就好了。

可能有些人會認為：「我的意思是希望員工在工作時抱有跟我一樣的態度。」我當然可以理解這樣的想法，不過這是不可能的！

對老闆而言，公司就像是自己的小孩一樣必須用心培育。

老闆不可能對下屬輕易說出：「你也要跟我一樣用心培育公司。」

最應該要擁有當事人意識的絕對是老闆，接下來是董事，再來是部長、課長……最後才是一般職員。

當事人意識的強度，也應該是按照職位高低而遞減。如果當事人意識的強度與職位高低成反比，就應該變更職位才對。

我想說的是：

唯有自己先有所進步，才能期望別人進步。

我想對這世界上所有的主管大聲說出這句話。

如果用七龍珠裡的戰鬥力探測器來比喻，應該會更容易理解。

假設主管的戰鬥力是一百，那麼下屬就該是五十。

主管該說的並不是「你也要像我一樣戰鬥力一百」，而是應該先將自己的戰鬥力提升到一百五十，並提攜帶領下屬，讓下屬的戰鬥力也跟著升到一百。

感覺就如同圖表一樣。只要能進入每年都會參與甲子園比賽的強隊，自己的棒球能力也會有所提升，就是因為自己的意識也跟著提升的緣故。

與速度快的人一起奔跑，自己的實力也會跟著進步。

換句話說，只要主管能夠有所成長，下屬自然也會跟著進步。

所以，每當我遇到有公司主管找我諮詢「下屬毫無成長」的問題時，我都會回答：「**你自己要先有所成長才行！**」唯有當主管心裡接納這個概念後，「斥責方式」才會產生轉變。

例如，原本想要怒斥下屬：

「這個企劃到底在搞什麼？」

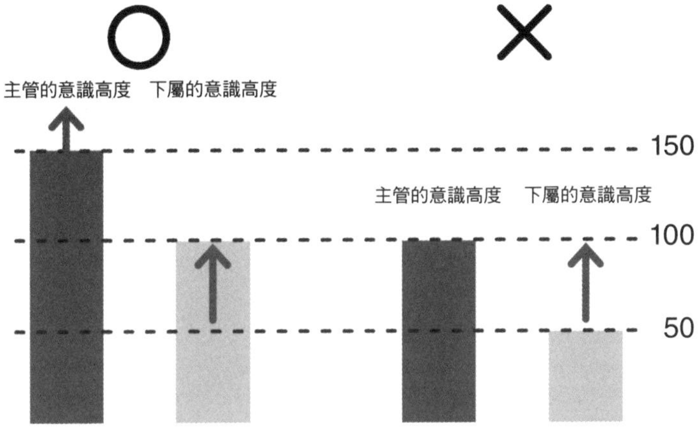

主管的意識高度會帶領下屬成長進步

斥責內容就會轉變為：

「我想把企劃的這個部分改成這種感覺，你可以分享你的想法嗎？」

當然也不會隨便把工作上的不順遂怪罪於下屬。

「這個月也沒達到業績目標嗎？要更努力才行！」原本會這樣斥責下屬的人，也會換一個角度思考，改以支持的方式鼓勵下屬：「我沒能好好支援你，真是抱歉。我們一起來想想看還有什麼方向可以努力吧！」

即使是原本喜歡用「直到最後都不要放棄！」強調毅力重要性的人，也可以變得更貼近下屬的心，告訴下屬：「我希望我們可以直到最後都不放棄，盡情去做所有想要做到的事。讓我們共同努力吧！」

在言語中使用「共同」、「一起」這樣的詞彙，就不是在斥責別人，而是在邀請對方跟自己一起達到目標。

你的目的並不是要斥責對方，而是要讓下屬跟自己一起成長，不是嗎？

既然如此，就要以「共同達到目標」的精神「邀請」對方，而非「讓」對方一個人去做。

請大家將這個概念當作是斥責的基本原則。

這麼一來，你與下屬的關係一定會產生一百八十度的轉變。

說話方式的正解

從「你要再努力一點」轉變為「讓我們一起努力吧！」。

方法 33

該如何回應不講理的主管？

主管對我發怒：「昨天的訂購數量訂錯了！」因為昨天我休假，我告訴主管：「昨天不是我訂的。」主管卻更生氣地說：「那你為什麼沒有好好確認！」

主管追問我：「之前說了要在上禮拜完成這項工作，為什麼到現在還沒做好？」他明明就沒有說要在上禮拜完成……。

手邊要處理的工作真的非常繁重，主管還跟我說：「〇〇你工作做得很慢呢！」老實說真的讓我很生氣。

關於「主管不講理的要求」的諮詢實例

「面對主管不講理的要求時，該怎麼回應比較好呢？」這是我們經常接到的諮商主題之一。

內容就像是上方所示。

也許你也曾受到別人不合理的要求，感覺不甘心極了。

所謂的不講理，就是「不符合道理」。

也就是說出不合常理的要求。

而不講理的相反是「合理」。

問題就在於，你所認為的「不講理」，在對方看來卻是「合理」。

如果要爭論究竟是「不講理」還是「合理」，雙方只會各說各話、越吵越兇，無論如何都會造成兩敗俱傷的局面。

實際上，此時該做的是**填補「不講理」與「合理」之間的差距**。

究竟該怎麼做才能填補這兩者的差距呢？

最有效的辦法就是**暫時隔離法（Time-Out）**。

所謂的暫時隔離法，其實是一種行為療法。

簡單來說，在籃球與排球比賽中都有「暫停」的機制，也就是先中斷比賽，跟裁判進行討論。

暫時隔離法就像是籃球比賽中的暫停時間一樣，讓雙方先暫時停止爭論「不講理」與「合理」的問題。

那麼這時要做的是什麼呢？

這時候可以問對方一句話：

「為什麼你會這樣認為呢？」

請大家試著套用前面提到的三個諮商實例：

●訂購數量錯誤↓「為什麼您會認為應該是我要負責呢？」
●確認繳交期限↓「我們有決定是上週要交嗎？」
●工作做得太慢？↓「為什麼您會這樣認為呢？」

要是貿然說出「為什麼您會這樣認為呢？」雙方也許會吵起來也不一定，所以前面一定要先說一句：「我可以先請教您一個問題嗎？」作為下一句話的緩衝。

當你向對方提出疑問後，就能產生一段暫停的時間。

這也就是所謂的冷卻時間。這個行為就像是為越來越熱的馬達澆下冰水一樣。

這麼一來，雙方就能澆熄高漲的情緒，向對方好好說明，或是提出好幾個選項讓對方選擇以後的處理方向。

我要用下方的這個例子繼續詳細說明。

▼▼▼**主旨：「爭論到底有沒有說過這句話」**

提問
主管：「那時候你不是說做得到嗎？」

下屬：「非常抱歉。我正在回想當時的狀況，可以請教一個問題嗎？」

下屬：「請問您說的那時候是指什麼時候？」or「當時是什麼情境下說到這件事的呢？」

請冷靜地提出你的疑問，這樣就能確認問題發生的情況。

如果主管可以具體回答出你的提問，就表示主管說的很有可能是真的。

反之，要是主管回答得含糊其辭，也能讓主管開始感到不安。

先為雙方設定一段可以冷靜下來的冷卻時間，接下來就可以進入說明時間。

說明

主管：「那時候真的有這樣說過！」

下屬：「這樣啊，那時候我手邊已經有五個待辦項目，有點難想像我會再接下第六個，請讓我再確認看看。」

請在此時說明自己的想法。

要盡量具體地說出事實，例如：「手邊已經有五個待辦項目」才能讓對方採信。

接下來就可以讓主管做出選擇了。

選擇

下屬：「我認為在○○日之前應該可以完成，就把期限訂在○○日可行嗎？」or「請問我可以把待辦事項A的處理時間往後挪嗎？這樣我就可以立刻處理這件事。」or「請問我可以拜託○○同事一起幫忙嗎？」

就如同上述的例子，「提問．說明．選擇」這三個步驟並不會與對方起衝突。最重要的是要填補「不講理」與「合理」之間的差距。

因此需要一段用來填補的「時間」。

利用提問製造出暫停的時刻。

這也是一段可以讓雙方都恢復冷靜的時間。

在人際關係中，每個人都會有合得來與合不來的對象，與別人想法與意見不同是理所當然。

但要是有了先入為主的成見，認為「那傢伙跟我就是合不來、那個人真的很差勁」，無論對方說什麼，聽起來都很不講理。

這麼一來，跟對方進行任何對話都不會順利，無法構成有建設性的對話。

當你聽到別人說出不講理的話時，先別急著反駁，請在心中擺出「暫停手勢T」，設法營造出一段暫停的時間。

藉由暫時隔離法讓雙方都變得心平氣和，就能冷靜下來對話了。

說話方式的正解

面對別人不講理的時刻，要利用暫時隔離法製造冷靜下來的空檔。

方法 34

講「大道理」會招致反感的原因是？

想講「大道理」時一定要很小心謹慎。

請大家試著在網路上搜尋「大道理」，會出現許多類似的關鍵字：「大道理　強迫」、「大道理　煩」、「大道理　騷擾」等等。

說到大道理，通常都會讓人產生一種「道貌岸然講大道理」這種不好的感覺。

為什麼大家這麼討厭大道理呢？

因為正如其名，大道理是很有道理的言論。

既然很有道理，也沒有必要這麼討厭，不是嗎？

但人類的心理層面上，面對很多事情都會不禁產生想要反抗的意識，不由自主地想著：「的確很有道理，但是……」

舉例來說：「不刷牙就睡覺會蛀牙喔！」這絕對是很有道理的建議，但有些人聽到就是會覺得「很煩」。

當妻子提醒自己：「偶爾也要運動一下，不然很容易得三高疾病喔！」雖然知道妻子說得很對，但總想找藉口推辭：「工作太忙了沒時間運動。」

有一次我的朋友建議主管：「這種光是朗讀數字的會議，是不是取消比較好？只要把資料傳送給大家，每個人自己看就好了不是嗎？」

結果，聽說大家為此吵了一個小時。

雖然我也覺得我朋友的想法非常合理，但大家會因此而吵架也是無可奈何。因為，負責經營管理的主管也有他的立場要顧。**人類最看重的就是自尊，一旦自尊心受到傷害，就會覺得非常反感**。

後來，朋友的部門還是繼續保持開會的習慣。

若以朋友的這個例子來看，他原本的目的並不是想對主管說大道理，而是希望可以停止開沒用的會議。既然如此，就一定要避免跟主管產生對立。

該怎麼做才能避免跟對方產生對立呢？

請想想看對立的相反是什麼？

沒錯，就是**「合作」。只要把你的大道理，改成與對方合作就沒問題了**。

以剛剛朋友提到的開會為例，就可以換個方式這樣說：

「部長平時常說要『提升效率』，我也深有同感，所以我想了一下，有一件事想要跟您商量。那就是把例行會議的資料傳送給大家過目，您覺得這樣如何？」

先表現出這是根據部長的意見所提出的想法，接下來再繼續說：

「如果有需要，再請相關的同事進來開會就好。」

以這樣的方式，就能將部長也拉攏過來，讓部長一起成為殲滅無用會議的共犯。

▼▼▼把「大道理」轉變為「一起合作」的說話方式

例1　希望不再加班的情況

×大道理：「部長，若是希望大家不要再加班，傍晚六點一到就把辦公室裡的電燈全部關掉怎麼樣？」

↓

○一起合作：「我認為部長之前說過的『截止壓力』真的很有道理。一旦決定了一定要完成的期限，就會努力在那之前把事情做完。所以，要不要試試看在傍晚六點把公司的電燈全部關掉呢？」

例2　丈夫每天都在路上邊走邊喝酒才回家

×大道理：「你怎麼每天回家路上都邊走邊喝！我們不是約好要在十二點前回家嗎！」

←

×丈夫：「妳真囉嗦！」

←

○一起合作：「你之前不是答應我會在十二點前回家嗎？我當時聽了真的很高興。我很擔心你的身體。」

←

○丈夫：「……（嫌妻子囉嗦的話就說不出口了）」

例3　小孩不唸書的情況

×大道理：「不是說好一天要唸書三十分鐘嗎？」

←

○一起合作：「既然○○決定一天要唸書三十分鐘，那媽媽也要好好努力唸書。我們一起加油吧！」

像這樣不是單方面做出決定，**感覺就像是與對方「一起」做出決定，就可以從單方面講大道理轉變為雙方共同合作。**

與其衝突、不如合作。

這就是在想講大道理時的關鍵字。

說話方式的正解

改成一起合作的方式更能順利傳達。

方法
35

「不說別人壞話」是對的嗎？

「不要說別人壞話比較好。」

我想大家應該都同意這句話。

不過人類有時候就是會很想說別人的壞話。

要是沒有一吐為快，心裡就會累積壓力、形成毒瘤。

就像魚干要攤在陽光底下曝曬一樣，我認為壞話也該攤在陽光下才對。

所以，我們公司有一條規定是：「說別人壞話也沒關係。」

只不過有一個條件。

那就是，**要直接在本人面前「說」出口**。

所謂的壞話，就是指出對方缺點的行為。我個人認為，如果有人可以告訴自己哪裡做得不好，是一件很值得感恩的事。

也許是因為這樣，我經常被工作夥伴指教。例如：「桐生先生要再更認真聽別人說話會比較好喔！」、「桐生先生個性很差呢！」、「桐生先生是個膽小鬼呢！」等等……大家都會直接跟我說。

我們公司的行為指標有一項是「光明正大」，意思是「無論是好事或壞事都要開誠布公」。因為這是我自己建立的規則，所以被工作夥伴們說三道四也是無可奈何。

不過，要是在本人不在的場合中說他的壞話，就會真的破壞人際關係。

在本人不在的場合中說他壞話，就算沒有惡意，對方也無法得知你說壞話的意圖究竟是什麼。

舉例來說，有人告訴你：「有人說你的壞話喔！」卻沒有告訴你對方的意圖，你並沒有實際聽到對方是怎麼說的，所以心情一定會變得非常差。

人際關係的破綻，幾乎都是由這種小小的誤解所造成。

所以我認為：**「可以當面說壞話，但不可以背地裡說壞話。」**

不過，每當我這麼說時，都會有人問我：

「若是沒辦法對本人說的情況下，該怎麼辦呢？」

沒錯，我也認為這種情況佔大多數。

我的回答是：「不要說別人不好的地方，只要**傳達自己的心情**就好。」

例如下列這些情境：

×「○○的工作做得很慢耶。」

○「要是○○不能遵守截止期限，（我）會覺得擔心。」

×「部長應該要多跟工作夥伴們對話溝通才對。」

○「（我）想要多跟部長對話溝通。」

×「○○應該要提起精神好好工作才對。」

○「○○發生了什麼事嗎？看起來好像很沒精神，（我）有點擔心他。」

×「○○的聲音太小了啦！」

○「○○如果可以再大聲一點說話，就能聽得比較清楚，（我）也會比較放心。」

其實這才是最強的溝通方式。

在上述對話的例子可以看出，回覆時都加了（我），也就是說話時都**用「我」作為主詞**。

這就代表這句話純粹是我自己的意見，並沒有要否定對方的意思，因此不會讓對方產生反感。

當你察覺到對方的缺點時，不妨暫緩幾秒鐘，試著用「我」作為主詞來思考：**「我覺得怎麼樣？」**、**「我想到了什麼？」**、**「我希望對方怎麼做？」**

像這樣在心裡傾聽自己的聲音。

只要稍微留意自己的表達方式，就可以避免產生誤會，讓雙方都可以更了解彼此的想法。

說話方式的正解

用「我」當作主詞來傳達感受。

方法 36 當主管、下屬、同事發言時，怎麼做才能不打斷對方？

「別人說話時要從頭聽到尾。」

雖然這句話感覺是從小聽到大的老生常談了，但在現實生活中，還是有很多人在「別人說話時沒辦法從頭聽到尾」，總會忍不住在別人說到一半時中途打岔，或是不把對方的話聽完就擅自做出結論。

大家都是「心裡很清楚，但就是做不到」。我們這些講師的責任，就是為大家解決這個問題。

我先從結論開始說起。

如果你是會忍不住打斷別人說話的人，必須先建構出一個**不打斷別人說話的機制**。

接下來我將詳細說明這個機制。

究竟是為什麼會想要在別人說話時中途打岔呢？

我認為應該有很多原因，不過最關鍵的原因可能是**「不知道這件事到底還要說多久」**。

如果可以明確得知這個話題再十秒就會結束，那麼就算是自己不想聽的話題，應該也可以等待對方說完吧！

在辯論比賽中，雙方可以闡述己方論點的時間是有限的。當對方在發言時，絕對不可以中途打斷對方。在選舉前進行的候選人辯論會中，為了確保公平性，發言時間也有所限制。在這段時間內，大家都會認真聆聽每個人的主張。

反之，如果是沒有限制發言時間的政論節目，就很容易發生打斷、妨礙別人發言的情形，甚至說出過於偏激的言論。如果在一開始就說好發言要在某時間點「到此為止」，一般而言就算心裡有很想說的言論，也可以耐心等待。

如果套用在職場上，可以預先設定下列幾項規則：

❶晨會的報告控制在三十秒內；

❷會議的發言控制在一分鐘內；

❸企劃提案控制在十五分鐘內；
❹在簡報一開始就先告訴大家自己預計需要多久時間；
❺在報告結束後一定要留一段時間回覆大家的提問。

只要事前設定好規則，並好好維持，就不太會有人中途打斷你的發言。

或許有人會說：

「桐生先生，才不是這樣呢！就算已經講好時間，但對方不知所云、老是重複一樣的內容，也會讓人很想打斷他。」

遇到這種情況，還是可以依照規則來走。

大家都知道，在會議上發表言論的規則是依照**「結論→細節→總結」**的流程進行。

在一開始就先說出結論，大家應該就會明白講者接下來大概要說什麼。

只要先制定好這樣的規則，當有人說話說太久時，就可以依此提醒對方：

「〇〇，你已經說了三分鐘喔！」

如果是講話不知所云的人，就可以告訴對方：「〇〇，請依照結論→細節→總結的順序發言。」

要是沒有事先制定這樣的規則，會議中發言時突然被別人這樣提醒，講者可能會覺得惱羞成怒，但只要事先制定好規則，講者就算被這樣提醒了，也只能說一句：「啊……不好意思」摸摸鼻子接受建言。

有些人可能會說：「不不，桐生先生，我們的會議上不可能建立這種規則。」如果是這種情形，則請在自己心裡設定下列的自我規範：

▼▼▼自我規範

❶要打斷對方時，一定要提前宣告

在打斷對方說話前，先說一句：「不好意思打斷你說話，我可以請教一件事嗎？」

❷先回應對方，再插進自己想說的話

不妨在打斷對方前先做出回應：「哦～」、「原來是這樣啊」、「這樣啊」、「這件事嘛……」，暗示對方我現在要說話了。當對方接收到你的暗示，就可以做好準備聽你說話。

❸決定一個不打斷別人說話的基準

如果是不重要、無所謂的事，就靜靜聽下去吧！尤其是閒聊時，其實大部分都是沒有必要打岔的事。

如同以上所述，我已經告訴大家不打斷別人說話的防線，以及無論如何都必須打斷時的處方箋了。

所謂的**防線是指「眾所周知的規則」，處方箋則是指「自我規範」**。

平時喜歡打斷別人說話的人，請務必參考這次告訴大家的方法，替自己建構出一個不打斷別人說話的機制。

雖然看似平凡，卻一定能有效改善人際關係！

說話方式的正解

建構一個不打斷別人說話的機制。

方法 37

該如何表達重點？

「這裡考試會出喔！」

只要老師這麼說，學生們一定會立刻振筆疾書。這句話的威力真是不容小覷。

就算實際上未必會出現在考題裡，但只要老師這麼說，學生就一定會認真聽。

當有人一邊拍手、一邊說出：「大家注意！」時也是一樣，大家都會不假思索地回頭看看到底有什麼事。

如果是機組人員在飛機上進行廣播時，也一定會說：「請注意（Attention Please）。」

在傳達重要事項時，有一件事比內容「要傳達什麼」來得更加重要。

那就是**「先喚起對方的注意力」**。

以前的人在路上沿街叫賣香蕉時，也會先說「來唷、來唷、來看看唷！」無論香蕉有多美味可口，若是沒有先獲得顧客的矚目，便不可能前往購買。在傳達重要事項時也一樣，一定要事先釋放出訊號，設法喚起對方的注意力。在我們公司，我稱之為**開場前奏**。

也就是**暗示大家：「我現在要說重要的事囉！」**

好的開場前奏必須掌握五大重點：

▼▼▼ ❶以言語暗示對方

「我現在要說一件很重要的事。」

「我只會說一次，請大家仔細聽。」

「別的事不記得沒關係，這件事請大家一定要記住。」

說話前先加入一句開場白，再繼續說重要的事。

▼▼▼ ❷宣揚好處

「我今天要告訴大家的是，一年內可以省下一千萬圓稅金的方法。」

「我現在要說的話，價值等同於一本一萬圓的書。」

「這次改版的提案，可以讓大家工作起來更輕鬆。」

在短短的一句話中，就先把好處告訴大家，讓大家知道接下來你要說的重點是什麼。

經營YouTube大學的中田敦彥先生，真的是一位非常擅長在言語中宣揚好處的專家。片長三十分鐘的影片裡，開頭前十分鐘的內容幾乎都是在宣揚這集節目的好處。只要看了開頭，就會讓人忍不住繼續看下去。

▶▶▶ ❸ 利用聲音吸引注意力

「乒乒砰砰！」大家只要一聽到這種聲音，就會豎起耳朵注意發生什麼事吧！人類會對聲音產生很強烈的反應。

這個方法就是要利用這一點。

說話聲音可以試著時大時小，也就是著重聲音的強弱。

在說一般事務時用普通音量說話，要說重要事項時，則可以稍微提高音量，暗示大家**我現在要說重要的事情囉！**

反之，如果平時說話聲音就很大，則可以突然壓低音量輕聲說：「重點是接下來的事……」

利用聲音強弱的變化，吸引大家的注意力。

此外，在說重要事項前，加入「停頓」也會很有效。原本正在聆聽你說話的人，察覺到目前出現了無聲的空檔，就會想：「咦？發生了什麼事嗎？」

在語句中加入三秒左右的靜默（無聲狀態），再傳達重要事項，也是不錯的方法。

▼▼▼ ❹ 利用動作吸引注意力

一邊說：「我現在要講很重要的事」，一邊把手舉起來，也能成功吸引聽眾的注意力。

政治家常會在演說時擺動雙手，就是這個道理。

因為人類的習性就是眼光會追隨正在動作的物體移動。

▼▼▼ ❺ 以眼神接觸讓人心跳加速

平時說話時總是避開對方的眼神，但在說重要的事情之前，突然與對方四目相交，然後凝視對方三秒左右。

此時如果要告白，便能營造出令人怦然心動的氛圍。不過，即使不是告白，在商務場合、向下屬傳達重要事項時，也只要在說出重要事項前與對方四目相交，便能讓對方做好「好像有重要事項」的心理準備。

總而言之，如果你認為**「這件事很重要所以你一定要聽」，那就大錯特錯了。無論本人認為自己要傳達的事情有多重要，決定要不要聽的主控權還是取決於對方**。

因此，一定要先做好準備，才能讓對方專心聆聽。

這就是我所謂的開場前奏。

請大家在傳達重要事項前，一定要先釋放出暗號，讓對方得知你接下來要說出重要的訊息。這麼一來，你的表達一定可以比平常更深入人心。

說話方式的正解

在傳達重要事項之前，要先釋放開場前奏。

方法 38

有沒有不會傷害對方的「高明拒絕方式」？

若是在網路上搜尋「高明的拒絕方式」，會出現很多種方法理論。

例如：「先從道歉開始」、「要好好說明拒絕的原因」、「提出取代方案」等等，每一種都再正確也不過了。

不過，本書是要引領大家想像對方腦海的指南。

現在就來深入探究對方遭到拒絕後的感受吧！

拒絕的日文是「断る」，其中的**「断」**代表著斷絕、阻斷、切斷，進而衍伸為拒絕的意思。

要是查詢「斷」這個字的演變，會發現左側是「連接的絲線」、右側是「斧」的象形文字。

也就是「用斧頭把連接的絲線斬斷」。

了解「斷」這個字的演變後，是不是感覺這個字有點可怕呢？

反之，「斷」的相反則是**「續」**。

「續」代表著存續、持續、永續等「繼續」的意思。

我為什麼會突然提到這個呢？因為對對方而言，被拒絕就是這麼可怕的行為。

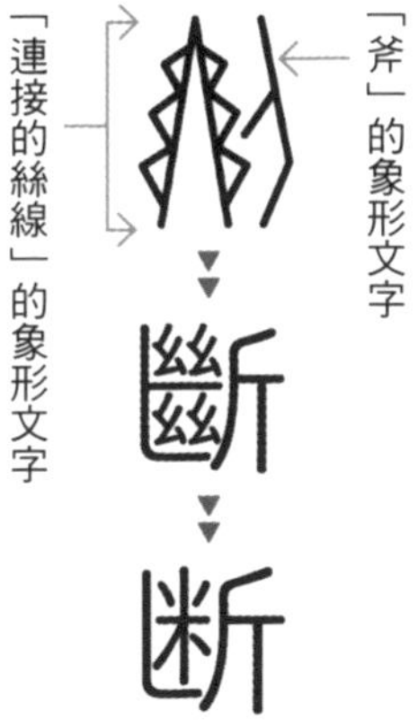

「斷」的演變

就算不至於到斷絕彼此的關聯這麼嚴重，但還是會有種自己被否定的感覺。

有些人可能會覺得：「只不過是被拒絕而已。」

但在研討會上負責諮商過許多位業務相關人士後，這種痛苦的感覺我相當感同身受。

從某種角度來看，被拒絕也是業務的工作之一。

特別是在開發新客戶時，每天都要拜訪許多不曾謀面的潛在客戶、提案好幾十次，卻幾乎都會被拒絕。

連續遭受好幾次拒絕後，會感到很灰心喪志。

然後就會漸漸開始排斥業務工作。

在問卷調查中如果有問到「最不想從事的職種是？」，第一名幾乎都是「業務」。

大家一定覺得很不可思議吧？明明就是在推銷業務時被拒絕，客戶只不過是表示「我不需要這項商品」，並不是在否定業務這個人。

可是，身為業務卻會產生自己被拒絕的感覺，漸漸喪失自信，甚至會覺得自己是不是不適合這份工作，萌生離職的念頭。

如果是沒有推銷經驗的人，不妨試想自己站在街頭搭訕路人的情景。

如果你搭訕了一百個人，卻沒有人想理你，此時一定會覺得「自己是不是很沒有魅力……」，而感到沮喪失落吧！但事實上並非如此。

光是有勇氣搭訕一百個不認識的人，這樣的行動力就已經夠有魅力了！

當自己的邀約被拒絕時，人們就會覺得「對方是不是討厭我？」遲遲無法再次提出邀約。

所謂的「拒絕」就是會給對方如此負面的衝擊。

正因為如此，高明的拒絕方式重點在於拒絕時的**體貼**，而非**技巧**。

換句話說就是尊重對方。只要心存尊重，在拒絕別人時自然能說出下列的回覆：

拒絕邀約的情況

「〇〇提出的邀約，我真的很想去。可是那天剛好有工作，要參加有點困難。下次可以再邀我參加嗎？我很期待可以參加的那天。」

拒絕工作的情況

「非常感謝您的委託。我非常希望可以與您共事，但下個月前我這邊工作很滿，如果下下個月的時間方便的話，我很希望能與您討論合作事宜。」

就如同這個範例，拒絕時的重點要放在：

「我並不是否定你這個人，只是因為計畫無法配合、時間資源受限的關係才不得不出此下策。」

這樣才是高明的拒絕方式。

當然並不是對每個人都需要如此體貼，但如果是對自己而言很重要的對象，就必須盡最大的努力體貼對方。
對別人而言，被拒絕是一件很嚴重的事，這點希望大家務必要銘記在心。

說話方式的正解

在拒絕時要表現出尊重對方的態度。

方法39 不擅長整理說話內容的原因是？

整理說話內容的訣竅在於**「次數」**。

就像是越常練習揮棒的選手，擊中球的機率也越高一樣；越常與客戶見面的業務，也越能達到亮眼的業績。

同樣地，整理說話內容的次數越多，就會越擅長整理說話內容。

富士電視台的脫口秀節目「人志松本的不冷場說話秀」（人志松本のすべらない話，暫譯），歷屆最有價值不冷場王當中，最受歡迎的人氣王兵動大樹曾說過：

「講話會冷場的人，沒辦法實際寫出自己的說話內容。」

據說每當兵動要上節目前，一定會先把自己的搞笑段子實際寫下來。

在工作場合中，這也是非常重要的一環。

在說明一件事時，必須先經過下列這五個步驟：

❶先寫下來；
❷自己看過一遍；
❸試著說出來看看；
❹修改；
❺實際說出口。

按照這個方式做的人，連同實際說出口在內，總共會整理五次說話的內容。

並不是在當場可以按照心意整理說話內容的人，就一定比較厲害。這也就是我強調「次數」的原因。

我想的確有些人可以在當場就把自己想說的話整理好，隨機應變說得頭頭是道。但這樣的人肯定是整理過無數次的說話內容，才能夠到達即興發揮的境界吧！

據說無論是任何事，只要做了**一萬次**就可以成為專家。

就像剛剛提到的步驟❶～❺一樣，在說明一件事之前先**「寫下來↓自己看過一**

遍↓試著說出來↓修改↓實際說出口」，便能讓自己整理五次說話內容。

舉例來說，如果每天都執行一次上述的步驟，一萬÷（一天五次×三百六十五天），經過五年半後，就可以達到一萬次的練習。反之，如果是一天只練習一次（實際說話的那次），大約要花二十七年才能達到一萬次。

有些人才二十幾歲就很會整理說話內容，但有些人無論過了多久依然還是不會。這中間的差異單純只在於整理次數的不同而已。

整理說話內容的具體方法，我最建議大家「向兵動大樹學習」。

換句話說，就是**書寫**。或許有些人自認為「不擅長書寫」，不過不必擔心。我所說的書寫，並不需要寫出長篇大論的文章。

只要在筆記本裡寫下**「大綱、內容、細節」這三條項目**即可。

接著，在每條項目後方填入需要的內容就行了，方法非常簡單。無論如何，要說明什麼事之前，先寫下來就對了。

儘管要稍微花點時間，不過只要一寫下來，就能流暢地整理出自己想說的話。

如果沒有事先整理，就貿然發言：「部長，關於前幾天那件客訴……」當然會被主管責備：「這是報告嗎？還是在跟我討論？」、「所以結論到底是什麼？」讓

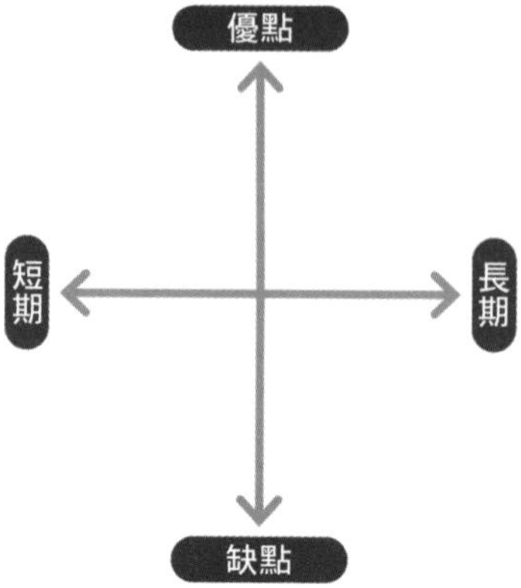

圖一　四象限圖表

●大綱
決定前幾天的客訴該如何回應

●內容
事件經過、回應、對策

●細節
事件經過是○○、該如何回應○○、對策是○○

筆記本書寫範例

自己碰一鼻子灰。

就算是在聆聽別人的說明時，也是練習書寫的好機會。

我自己也會在聆聽別人說明時，畫出如圖一的四個象限。

一邊聆聽對方說話，自己也一邊在這四個象限中寫下重點整理。

說話內容偏向具體或抽象是因人而異，抽象與具體的程度會上下升降。

例如，經營理念就是非常抽象的內容，經營策略則比較具體。

所以，為了理解對方現在正在說的是何種程度的內容，我會一邊聆聽對方說話，一邊在圖二的三角形圖表中寫下重點整理。

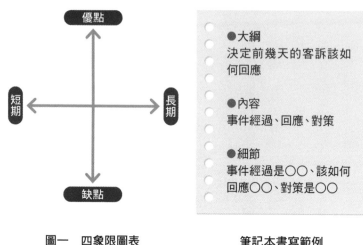

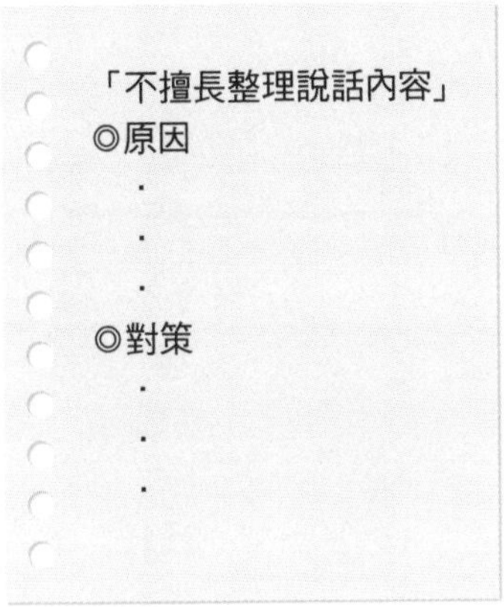

條列式書寫練習範例

圖二　抽象與具體的圖表

總而言之，就是寫、寫、寫。

我只要一「寫」下來，就一定會「整理」，這已經算是我的職業病了。

我強調了好幾次，只要練習的次數越多，就會變得越擅長整理說話內容。

如果你自認為「我就是很不擅長整理說話內容」，那就先打開筆記本，按照上述的範例所示，只要條列式就好，先從寫下來開始練習吧！

在條列重點時，請試著在前方加入「・」。

這麼一來，你肯定可以運筆如飛，將腦海中的迷霧一掃而空，流暢地整理出自己想說的內容。

說話方式的正解

藉由書寫
養成整理說話內容的習慣。

方法 40 為什麼無法把想說的話順利化為言語？

「接下來就請〇〇發表意見。」

「什麼，是說我嗎？」

你有沒有在開會或討論時，突然被人點名發表意見，或臨時被問問題的經驗呢？遇到這種時候大家可能會大吃一驚，儘管心裡著急卻一句話都說不出來吧！

在會議中突然被點名要發表意見時，很多人都只能暫時說些不著邊際的發言搪塞過去，像是：「感覺應該還不錯吧……」、「說可行是可行啦……」

不過，請大家放心。可以硬擠出某些字句，就代表你心底還是有些想法。換句話說，就是讓你產生這種想法的「背景」。

有三個方法可以讓背景化為具體的言語：

▼▼▼把想說的事情化為言語的方法

❶具象化；

❷類比；

❸反覆。

例如，你今天參加了公司內部的企劃會議，聆聽產品簡報。簡報結束後，會議主持人突然要求你發表意見。

主持人：「〇〇，您認為剛才的簡報怎麼樣呢？」

↓

×你：「我覺得還不錯。」

光是這樣回答，大家無從得知你說的不錯，究竟是哪裡不錯。

不過，你之所以會認為「不錯」，肯定有某些原因讓你產生這樣的想法。

現在就來分析看看讓你產生這種想法的背景吧！方法如下：

「我覺得還不錯。」＋

❶具象化

「**具體而言**，簡報中有明確標示出數字，相當簡潔易懂。」

❷類比

「**就像是**在欣賞一幅畫作一樣，讓我留下了深刻的印象。」

❸反覆

「我非常**認同**講者的看法，真的是一場**精彩**的簡報。」

所謂的具象化，就是具體地表達；類比則是舉出一件相似的事物來做比較；而反覆就是重複類似的敘述。「太棒了」、「非常認同」、「很精彩」……雖然這些都是差不多的讚美，但總是比只說一句「還不錯」更能表現出你的感受。

在工作場合中，常會遇到這種完全沒有給人思考空間就必須發言或回答問題的時刻。雖然一開始逼不得已只能說出模糊的意見，但接下來就需要安裝啟動裝置，讓自己可以繼續說出更清楚明確的回覆。

剛剛介紹的**「具象化」**、**「類比」**、**「反覆」**就是所謂的啟動裝置。

我自己經常使用的是「類比」的技巧。就算心裡還沒想到具體的比喻對象，但只要一說出：「例如」、「就好比」，腦海裡就會自動浮現出相似的事物。

此外，「反覆」的技巧也很好用，例如只要將「很好吃」替換成「好好吃喔！真的是太美味了！」，只要重覆說出兩次類似的敘述，就可以更進一步表達出美味的程度。

假設主管問你：「你覺得上個月進公司的田中表現怎麼樣？」如果你只回答：「感覺還不錯。」這樣的回覆含糊不清，無法真正表達出你的想法。

因此，建議大家可以按照下列的方式回答：

「感覺還不錯。」＋
具象化：「他平常很認真做筆記，感覺非常努力地要記住公司的大小事務。」
類比：「他的體力跟十幾歲的年輕人一樣好。」
反覆：「工作做得很好、人際關係也無可挑剔。」
（※還不錯、很好、無可挑剔等，其實都是相似的形容）

將想說的事情更深入地用言語表現出來，就能更容易傳達給對方。

據說一般人能記住的詞彙大概有三萬到五萬個左右。所以我們的頭腦裡儲存的詞彙已經非常夠用了。

請大家利用「具象化」、「類比」、「反覆」的技巧，從腦海中調出以往不常使用的言語吧！這麼一來，你一定可以說出心中真正想表達的事物。

說話方式的正解

利用「具象化」、「類比」、「反覆」的技巧，從腦海中調出言語。

方法

41

該怎麼說話才能讓對方印象深刻？

這一節要介紹的是讓對方印象深刻的說話方式。

一輛車撞上牆壁時的撞擊力道，取決於車子的「速度×重量」。雖然地面帶來的摩擦力也會有所影響，但依舊是速度越快，撞上牆壁時的撞擊力道也會越大，而車子越重也會增加撞擊的程度。

說話時也是一樣，對聆聽者而言，也有一套公式可以計算出受到衝擊的程度。那就是「簡短程度×密度」。

如果想要讓對方印象深刻、感到強烈的震撼，那麼就可以利用這套公式發揮莫大的威力。

我想大家都有聽過這些企業的廣告詞：

「初戀的滋味。」（可爾必思）
「給身體最好的。」（小林製藥）
「全家就是你家。」（全家便利商店）

這些廣告詞在短短幾個字裡就濃縮了品牌想要宣傳的內容，不僅意義密度超高，也能為消費者帶來強烈的印象。

反之，如果把這些簡短的廣告詞寫成一百字的長篇大論，絕對沒有一個人能記得住。

不過，在工作場合中恐怕沒有人有時間反覆思考、不斷精簡再精簡，說出像上述廣告詞一樣簡潔又深入人心的話語。

那要怎麼做才能在短時間內想出令人印象深刻的話語呢？

我們公司有一個練習是**「刻意說出五字訣」**。

無論是簡報、會議報告、晨會的三分鐘演講……各種場合都可以，思考過自己要說什麼之後，再想想看「這些內容可以用五個字來表達嗎？」，這種時候說出的五字訣，就是自己最想表達的內容。

如果是三分鐘的演講，說出口的文字數量大約落在九百字左右。要把這麼多的字精簡成五個字，就代表要把內容壓縮到百分之零點六。在演講的一開始，就要先說出這精簡的五個字。

其實，不管是六個字也好、四個字也罷，在講座或研討會上實際施行這個練習後，我們發現精簡到極致、順口且能精準傳達的字數大概就是五個字。而且，如果限定「五字訣」反而比較容易找到適合的詞彙。

假設現在要發表一整年的回顧：

「自從一月部門整合，二月成立新部門，三月開始任用新人後，四月起業績就呈現爆炸性的成長，五月雖然業績下降，但六月又開始回升。」

一口氣說這麼長一段話，不會讓聽眾留下任何印象。

如果把這段話精簡成五個字，就會像是這樣：

「今年公司迎來『接連的挑戰』。」

從這五個字開始說起。

雖然大家還沒聽到詳細的內容，不過這短短的一句話就意味深長，可以想像出過去的這一年公司面臨了多麼劇烈的變動。

此外，也可以說：「今年是『順風的一年』」、「今年的關鍵字是『忍耐與成長』」等等。

利用簡短且高密度的五字訣來統整話語，就能讓人印象深刻。

如果在簡報的一開始，講者就說：「這次的企劃是『最完美傑作』」，聽眾一定會很想快點聽到內容。

不僅如此，在自我介紹時使用五字訣也會很有效。

讓別人印象深刻的人，在自我介紹時一定會有意地「讓某個關鍵字留在對方的腦海裡」。

例如，在需要強調工作能力的場合中，不妨利用「人資的專家」、「四十歲健康」、「金錢的運用」等簡短的詞彙，明確傳達出自己的強項。

如果講到自己的興趣，則可以說：「最愛看電影」、「超熱愛釣魚」、「最喜歡爬山」等等。

不必長篇大論，就可以精簡傳達出自己想講的內容。

「思考自己要說的內容，彙整成簡短的詞語。」

那麼，這句話要在一開始、中間，還是最後說比較好呢？

我認為雖然視情況不同，說出這句話的時機會有所改變，但無論如何**最重要的還是「決定好自己最想表達的是什麼」**。

請大家在想好說話內容後，再試著彙整出你最想表達的「關鍵五字訣」，給對方帶來印象深刻的一擊。

你一定可以感受到前所未有的效果。

說話方式的正解

刻意說出五字訣，讓人印象深刻。

第
四
章

讓人際關係越來越圓滑的說話方式

方法
42

初次見面要對話實在太緊張了，該怎麼辦？

「第一次見面到底要說些什麼好呢……」
「說話時緊張得不得了，該怎麼辦……」
「初次見面很難炒熱氣氛……」

我想應該有很多人在跟初次見面的對象說話時，會感到很緊張。不過，為此感到緊張不已的人，絕對沒想到一件事。

那就是**對方也因為是第一次見到你，與你同樣感到緊張**。

也許有些人會覺得：「有些人明明就不會因為初次見面而緊張。」

沒錯，緊張的程度是因人而異。

但絕對不會有人在第一次見面時，就可以像是在跟親朋好友說話時一樣，保持一絲不紊的呼吸、心跳，而且絲毫不感到緊張。

因為人類天生就具備防衛本能，一旦見到不認識的人，就一定會豎起警戒。為了以防萬一，身體多少都會變得比較亢奮，情緒也會跟著變緊張。

如果真的有那種完全不緊張的人，那他一定特別達觀透徹，不過我認為這樣的人絕對是萬中選一。

總之，我想說的是當你感到緊張時，**其實對方也跟你一樣緊張**。只要能了解這一點，就能讓你在與別人初次見面時比較不緊張。

為什麼呢？

因為人類沒辦法同時意識到兩件事。

例如沒辦法同時又笑又氣。心裡一次只會出現一種情緒或是輪流交替。

還有，人類也沒辦法同時回想快樂與悲傷的回憶。儘管可以交替想起這兩種相反的回憶，但絕對沒辦法同時回想。

在與人初次見面時，心神會分別專注在下列兩種面向的念頭：

A：自己說話時不要緊張。

B：讓對方說話時不要緊張。

關鍵就在於自己的想法偏向哪一方。

偏向A的人會感到極為緊張，因為意識的焦點放在心跳加速的自己，很容易就會察覺到自己很緊張。這麼一來更會雪上加霜，讓自己變得更緊張。

而偏向B的人則不會察覺到自己的緊張。為什麼呢？因為人類沒辦法同時意識到兩件事。

所以，**讓自己專注在「B：讓對方說話時不要緊張」，就是在初次見面對話時讓自己不緊張的方法。**

先暫時忘掉自己的緊張，專注在如何讓對方不緊張吧！

具體而言該怎麼做呢？

此時不妨站在**對方的立場**來思考看看。

在彼此初次見面時，對方一定也會感到不安：

「萬一我跟他說話被無視，感覺很討厭……」

「要從何開始說起呢……」

「說不下去該怎麼辦……」

就由自己來消除對方的不安吧！

▼▼▼消除對方不安的方法

❶先注意到對方

比對方早一步望向他的雙眼，先注意到對方。

這麼一來就能解決「萬一我跟他說話被無視，感覺很討厭……」、「要是他沒看到我怎麼辦……」，讓對方不必擔心這些問題。

❷由自己主動搭話

接下來，除了先說：「您好」、「初次見面」等，主動向對方打招呼之外，也可以由自己先提供話題：

「最近在路上真的經常看見貴公司的產品呢！」

「我常常看貴公司的廣告。」

或者是：

「這間會議室的視野很廣闊耶！」

「貴公司的員工都很有精神呢！」
「這個會場真是太讚了！」等等。

❸先提出疑問

不僅如此，還可以再進一步提出疑問，例如：
「這個產品的銷售數量一定成長得很快吧！」
「您在員工教育方面一定下了不少功夫吧！」
「您經常過來這個會場嗎？」
這麼一來，就能讓對話繼續延續下去。

初次見面不必先搶先贏，但必須先下手為強！

×「自己說話時不要緊張」

↓

○「讓對方說話時不要緊張」

將專注的面向從自己轉換成對方，乍看之下或許很簡單，但這就是能讓人在說話時不再緊張的方法。

而且，你「希望讓對方不感到緊張」的誠意，一定也可以順利傳遞給對方，營造出讓對方放鬆說話的空間。

說話方式的正解

讓自己專注在如何緩和對方的緊張感。

方法 43

閒聊的功用是？

託大家的福，我的著作《一流、二流、三流的說話術：破冰、交流、拓展人際，跟誰都聊得開的45個訣竅》（商周出版）在日本熱銷突破十三萬本，各地的便利商店也都有上架販售。

這本書甚至還推出了各國版本，分別在韓國、中國、台灣都有上市，這讓我重新體認到閒聊的重要性不分國界。

閒聊的日文是「雜談」，**雜**的意思是「瑣碎」、「無足輕重的」；**談**則是「言」加上「炎」組合而成，這兩個字加在一起就代表著說些瑣碎的小事，為彼此的關係燃起一把火。我認為這就是閒聊的本質。

假設你打算要買房子，應該也不會想跟從來沒說過話的業務買房，而是會想要找聊過好幾次的業務幫忙吧！如果是要一起工作的對象，更要找彼此可以順暢對話，已經建立起良好關係的人比較好。

這是我以前在公司裡當業務時發生的事。

我每天早上七點到九點這段時間都會拜訪客戶，跟客戶閒聊五分鐘左右，這是我每天的例行公事。

久而久之，客戶竟然開始把我介紹給其他公司。後來也有客戶是耳聞我的風評，主動找上門來。

兩年後，我獲得全國銷售業績第一名的榮譽，我認為最大的原因應該就是有許多客戶介紹我認識更多客戶的緣故。

不過，在這麼多客戶當中，也有些人「不喜歡說多餘的話」。對於這樣的客戶，我就不會硬要閒聊。

話說回來，有人之所以會「不想多說」，背後也是有原因的。例如：

「不想說多餘的話。」

「這不是我想說的事，所以我不想多說。」

「我對你還沒那麼有興趣，所以不想多說。」

「本來就不擅言詞，所以不想多說。」

每個人不想多說的原因不盡相同。

所以，我會配合對方的性格徹底蒐集，無論對象是誰，都能隨時隨地聊上幾句。

我蒐集的是什麼呢？

那就是對方的所有**資訊**。

以商務談話為例：

常會有人向我訴苦「對話時沒辦法炒熱氣氛」、「不知道該閒聊些什麼才好」，說穿了，其實就是資訊量不足。

「您好，初次見面，今天請您多多關照。請問您的興趣是什麼呢？」

面對在工作場合中初次見面的對象，劈頭就詢問對方這種問題，很容易讓人反感。

不過，要是你這麼說：「我看了貴公司的廣告，實在太有趣了，我笑到不行。那支廣告是誰想出來的呢？」

這麼一來，對方就會滔滔不絕地與你分享了。

另一方面，要是突然詢問初次見面的對象：「黃金周的假期你還在工作嗎？」對方應該會覺得：「我為什麼要告訴你這種事情……」

不過，如果對方的工作是屬於觀光產業，這樣問就一點也不奇怪了。

「聽說今年黃金周假期大家出門玩的比率是去年的百分之兩百，貴公司一定也很忙吧？」

感覺是不是自然多了呢？

重點是要**把話題控制在對方想聊的範圍內**。

因此，絕對有必要事先蒐集好對方的所有資訊。

有些人會說：「可是有時候沒辦法事先查到對方的資訊，該怎麼辦呢？」我的結論依然是資訊最重要。

當下你跟對方眼前一起看到的內容，就是最好的資訊。

例如你們一起相處的空間，也可以成為話題。

「這裡的會議室很寬敞舒適，真不錯呢！」

「剛剛櫃台接待的工作人員很有活力呢，真好！」

「您經常來這間咖啡店嗎？」

談話進行到一半時，則可以詢問對方：

「好像快要下雨了，您有帶傘嗎？」

「天氣這麼熱真的很容易中暑，您的身體還好嗎？」

這樣的閒聊不僅可以為嚴肅的商務談話帶來喘息的機會，還能營造破冰的效果。

到了談話的尾聲，我常會詢問對方：「話說回來，您是哪裡人呢？」

因為此時跟對方的距離已經拉近了許多，彼此之間的對話也很順利，所以對方比較不會有所顧忌。聽對方說些我不熟悉的故鄉風土民情，我自己也會覺得雀躍不已。

若是開始說到方言相關的話題，更能炒熱整個場子的氣氛。

「你們那邊是說『草莓』還是『紅莓』呢？我的故鄉是說成『紅莓』唷！」

只要說到類似的話題，彼此都會分享個沒完沒了。

藉由無足輕重的對話，培養出彼此之間重如泰山的交情，這就是閒聊的威力。

好好與對方閒聊，無論是現場的氣氛或彼此的熱度，一定都會漸漸升溫！

說話方式的正解

藉由無足輕重的對話，
培養出彼此之間重如泰山的交情。

方法 44

陷入「沉默」時該怎麼辦？

「雖然知道瑣碎的閒聊很重要，但對話無法持續下去該怎麼辦呢？」

如果能與對方自然而然對話下去當然是很好，但有時候就是會突然出現彼此都沉默不語的時刻。要是沉默的時間一長，彼此都會覺得很尷尬。

據說在法國有個說法是，當兩個人對話到一半時若是陷入沉默，就是「天使飛過彼此之間」。還有一個說法是：「沉默並不是因為雙方無話可說，而是因為天使飛過而保持安靜。」

這樣一想，就會感覺到原來沉默也帶有很正向的意義呢！

大家通常會把沉默視作是負面的表徵，但沉默真的有那麼不好嗎？

我們公司裡有一百位專門指導溝通術的講師，但沒有一位講師會告訴學員「沉默不好」。

沉默時可以「稍微喘一口氣、確認對方的狀態、整理說話內容」，可說是一段非常重要的時間。

我們平時會把沒有保留空檔的行為形容成「愚蠢」，但沒有講師會要求大家「用連珠炮般的發話來填補空檔」。不只本公司，我想應該到哪裡都不會有講師做出這樣的要求。所以，絕對不能以偏概全地認為「沉默不好」。

雖然如此，在對話時也不能總是保持沉默，應該要自然地重新開啟對話才好。

與人對話時，一旦雙方突然沉默，任誰應該都有那麼一瞬間會覺得很不自在吧！為了逃避這樣尷尬的場面，很多人都會亂找話題硬聊、說出不該說的話踩到對方地雷，或者詢問不該問的事而感到後悔不已。慌慌張張硬擠出對話，這種情況屢見不鮮。

站在對方的立場來看，這樣的行為反而會讓他覺得「彼此之間真的沒什麼話好聊了」、「跟我在一起好像很無聊」。

所以，我現在就要告訴大家沉默時的正確應對方式。

沒有什麼特別的話要說，也沒有什麼特別的事要聽，更想不到要問什麼的時候，究竟該怎麼做呢？

有一個不會讓人手忙腳亂的話題，正適合在這種時候提及。

那就是**關於自己的事**。

如果是自己的事，應該無論是誰都可以輕輕鬆鬆說出口吧！

而且什麼內容都可以。當雙方陷入沉默時，就可以默默開始說一句關於自己的事。例如：

「我最近食慾簡直停不下來呢！」

「我上個月開始做瑜珈了。」

「你看過電影《樂動心旋律》了嗎？我爆哭到不行耶！」

聽到這句話後，對方可能會有下列這幾種反應：「咦！我也是！」、「我是〇〇」、「這樣啊～」，每個人的反應都會有所不同。

不過，這樣一來的確就能重新展開對話。

另一方面，我想可能有些人「不擅於說出關於自己的事」，或者認為「自己都是些不值一提的小事」。

這種時候，也可以說說自己腦海裡正在思考的事。

例如：「已經是秋天了呢」、「天色變黑的時間越來越早了」，什麼事都可以。

若是跟主管兩個人一起搭電車沒話題聊時，不妨試著看著車廂廣告說出「最近常常看到這個廣告耶」，或是看著窗戶外的景色說「這一帶很多住宅耶，真是出乎意料之外」，主動開啟一些無足輕重的閒聊話題。

也許主管會對你說的話產生反應，就這樣展開一段新的對話也說不定。

一旦雙方陷入沉默，就請從世界上最容易的**「關於自己的事」**開始說起吧！開始揭露自我時，對方也能變得比較容易揭露自我，而這正是對話中非常重要的溝通方式之一。

說話方式的正解

沉默時，就說一句關於自己的事吧！

方法 45

自己的事該說到什麼程度比較好？

在跟別人說話時，關於自己的事該說到什麼程度比較好呢？
結論是：說到別人想得知的程度就好。
若是說得太多，對方可能會因為聽了你說的話感到一肚子火。
如果在別人根本不想知道的情況下，就自顧自地炫耀：「我是東大畢業的」、「我家族裡很多醫生」，只會讓對方對你緊閉心扉。
此外，有些人很愛提當年勇：「我以前可是○○！」這種話也很容易讓人敬而遠之。我並不是說絕對不可以炫耀或提當年勇，而是應該考慮到對方有沒有想聽這些事。

另一方面，有些人則是完全不說關於自己的事，這樣的人也會讓人感到恐懼。這樣的人很容易被認定是陰陽怪氣的人，會讓人覺得「那個人總是一副很陰沉的樣子……」，最後就會被歸類為難以搭話的類型。

在「方法44」當中我建議大家在沉默時可以說一句「關於自己的事」，不過最理想的狀況還是彼此互相慢慢自我揭露，逐漸縮短雙方之間的距離。

具體而言就像這樣：

▼▼▼雙方都能輕易自我揭露的對話模式

例「雖然這是我的私事，但過了四十歲之後體重真的很難掉下來。」

❶**「咦！我也是！」**

↓對方也開始自我揭露。

❷**「你平常有做什麼運動嗎？」**

↓對方還希望自己自我揭露更多。

❸**「○○平常有在運動嗎？」**

↓由自己提出希望對方自我揭露。

像這樣，就能讓彼此開始互相交換資訊。

而自己與對方的自我揭露情形，可以分為A、B、C三種階段。

A：自己知道對方的全部，但對方只對自己略知一二。

↓對方處於不安的狀態。

B：自己只對對方略知一二，但對方卻對自己瞭若指掌。

↓自己處於不安的狀態。

C：自己知道對方的全部，對方也知道自己的全部。

↓最佳狀態。

沒有人可以一下子就進展到C的最佳狀態。

正因為如此，才應該由自己慢慢自我揭露，也讓對方向自己自我揭露，測試自己與對方的距離。

漸漸地，應該就能掌握到自己與對方最恰當的距離。

間。

有一個詞是「個人空間」，所謂的個人空間，就是被別人入侵後會感到不悅的空間。

舉例來說，在對話時有些人會覺得距離一兩公尺左右最剛好，但也有些人會覺得這樣太近了，會產生壓迫感；當然也有人覺得這樣太遠了。每個人對距離的感受都不盡相同。

上面提到的是物理上的距離，而心靈當然也有個人空間。

想要確認彼此的心靈有多接近，對方對自己是否仍保有警戒，最好的確認方式就是**互相自我揭露**。

人際關係的密度，與互相分享資訊的質與量成正比。

說話方式的正解

在對方想得知的範圍內自我揭露，對方也會敞開心扉。

方法 46

想要用幽默的話語展開對話時，該怎麼做？

有另外一個名詞跟自我揭露很相似，意義卻完全不同。

那就是**自我表露**。

所謂的自我表露，就是想讓自己顯得很優秀，因為「想被稱讚」、「想被認同」、「想獲得矚目」，而刻意強調自己的表現。

如果有人突然說出這些話，你會做何感想呢？

「我上個月的銷售業績也是第一名喔！」

「我年輕時在地方上可是惡名昭彰唷！」

「對了，我上次有跟名人〇〇一起合照喔！」

「我最近實在太忙了，晚上都只睡三小時。」

突然聽到這種話，真的會讓人不知道該怎麼回應才好。

反之，如果是進公司後銷售業績一直墊底的人對你說：

「我之前銷售業績不是一直墊底嗎？但上個月的業績終於變成第一名了！」

這麼一來，你也會發自內心地回應：「太厲害了！怎麼會突然變成第一名呢？」

還有，如果有人說：「我很怕生……也不太會說話……」這樣的人卻表示：「但唯獨銷售業績不知道為什麼每個月都是冠軍。」這麼一來，你也會很想問問對方的秘訣是什麼吧。

明明都是「銷售業績第一名」的話題，但端看說出這句話的人是誰，有些人會讓人敬而遠之，有些人卻能讓人很想繼續聽下去，反應可說是兩個極端。

大家認為是什麼造成如此極端的差異呢？

答案是**意外感**。

關鍵在於是否能讓聆聽者產生「咦？真的嗎？」這樣的感受。

這在心理學稱之為得失理論（Gain-Loss Theory），比較淺顯易懂的說法則是**反差法則**。

人們對於具有反差的事物很感興趣。

看似朋友滿天下的人，如果突然表示：「其實我沒什麼可以真正敞開心扉的朋友……」不知為何就會讓人覺得他正在對自己吐露真心話，感覺對方是個好人。

如果有一位體型纖細、戴著眼鏡，看起來認真嚴肅的人突然告訴你：「我年輕時跟人打架從來沒輸過！」你一定會感到很吃驚吧。

要是在觀看運動比賽或格鬥賽事時，出現了爆冷門的結果，大家都會非常狂熱；戲劇或電影也是一樣，出乎意料外的劇情總是令人忍不住潸然淚下、怦然心動。

一定有些人會說：「我這個人又沒什麼好意外的。」其實不必想得這麼難。

只要展現出從對方角度看來相反的模樣就行了。

例如：周遭的人都覺得你看起來很成熟穩重。

這樣的話，只要在說話時常笑就好。

光是這樣，大家對你的印象就會產生大幅度的轉變。

如果你常被認為很難接近、不好搭話，只要主動面帶笑容先跟對方打招呼就好。

如果是平時表情嚴肅可怕的人，突然逗你笑：「大家都說我的笑容意外地迷人喔。」你應該也會忍不住笑出來吧。

這之間產生的反差，就會帶來幽默。

所謂的幽默，就是一種能緩和人心的詼諧感。

「咦！是這樣嗎？」

「超好笑！」

「還想再聽更多！」

能讓人產生這種反應的說話內容，就會帶來詼諧、風趣的感覺。

這次告訴大家的反差，便能營造出幽默感。

如果說話目的是「希望對方覺得自己很厲害」，這樣的自我表露會使人反感；但如果是「希望對方開心」而自我揭露，則會讓人產生好感。

道理非常簡單。

請大家一定要利用反差法則，試著逗對方開心吧！

說話方式的正解

自我表露只有自己會高興，自我揭露則能讓對方也開心。

方法 47

打招呼的功用是？

「打招呼非常重要！」

這句話相信大家一定都深有同感。

無論是新進員工研習或學校講座，我們都會從打招呼開始指導。

如果有人問你：「為什麼打招呼這麼重要？」

你會怎麼回答呢？

「因為打招呼是人際關係的基礎。」

「因為打了招呼心情會變好。」

「因為這樣才有禮貌。」

大家的答案或許五花八門，不過，其實打招呼還帶有更深層的含意。如果試著查詢「打招呼」（日文為「挨拶」）的起源，會發現其實打招呼源自於禪宗。

在禪宗的說法中，確認對方悟性深淺稱之為「一挨一拶」，彼此確認對方悟性時的互動就稱為「挨拶」。

「挨」是「開」、「推」之意，「拶」則是「接近」、「壓迫」之意。

換句話說，挨拶的本意就是**「敞開心扉接近對方」**，藉由挨拶來推測對方當下的狀態。

這樣一想，確實是這樣沒錯呢！

以前我曾學過一點柔道與合氣道，每一次雙方交手時，都一定要向對方說聲：「請多指教！」

這種時候絕不能用「剛剛已經打過招呼了」來搪塞過去。

對方也一樣，每一次交手都必須這麼說。

因為，利用每一次打招呼的機會，就可以感受到對方現在是否精神飽滿還是感到疲憊？現在相當專注還是在想其他的事？藉此推測出對方當下的狀態。

現在試著把這個方法套用在日常生活的打招呼場景上吧！

你有沒有過這樣的經驗呢？光是說聲「早安！」就可以得知對方當下的狀態如何。

「〇〇，你今天也很有活力呢！」

「咦，你好像有點沒精神喔！」

「雖然你很有活力地道早安，不過好像流露出些許疲憊。」

「感覺你好像有什麼話想對我說。」

光是短短一聲早安，就可以推測出一些事情。

如果對方的聲音聽起來沒什麼活力，此時就可以趁機問一聲：「怎麼了嗎？」

或是也可以刻意讓他一個人靜一靜。

過了一陣子後，再問問對方：「最近工作是不是太累了呢？我可以幫上什麼忙嗎？」低調地給予支持。

這些都是推測對方狀態後可以發揮的技巧。

從前我曾有幸在電視節目中與搞笑藝人Yuriyan Retriever（本名吉田有里）一起合作，她的為人處事讓我打從心底感動不已。

她明明就那麼受歡迎，但一進到錄影現場，無論是對工作人員或像我這樣的素人，她都一一打好幾次招呼：「請多多指教」、「請多多關照」。錄製節目時無論再毒舌、再搞笑，等到錄影一結束，她依然對每個人深深低頭鞠躬，再三表達「非常感謝大家」、「非常感謝大家」後才離開攝影棚。

看到她的表現後，讓我打從心底感嘆：「這樣的人不可能不受歡迎！」

「打招呼是一種禮貌」、「打招呼才符合禮節」，這麼說當然也沒錯。不過，打招呼最重要的目的應該是「推測對方當下的狀態」。唯有理解這一點，才能真正由衷認同打招呼是溝通的基礎。

一切都是從打招呼開始；而打招呼也是源自於體貼對方的心意。

請大家一定要記住，打招呼是營造良好人際關係的起點。

說話方式的正解

推測對方當下的狀態，依照對方的需求進行溝通。

方法

48

稱呼對方「姓名」的功用是？

我姓「桐生」，名字是「稔」。

若要追溯「桐生」這個姓氏的由來，會發現一件很有趣的事。

在大化革新中很有名的藤原鎌足（中臣鎌足），據說是由天智天皇賜姓藤原，成為藤原這個姓氏的起源，而藤原的本意是「油**桐**樹**生**長茂盛的場所」。

在日本，姓氏當中有「藤」這個字的人非常多。例如：佐藤、伊藤、加藤、齊藤、後藤、近藤、遠藤……據說這些「藤」也都是從藤原氏發展而來。

每一個姓氏都有其歷史典故。從祖先代代相傳下來的姓氏，再加上父母懷著滿滿心意為自己取的名字，合在一起就是「姓名」。

名字可說是專屬於自己的寶物。

不曉得大家知不知道電影《東京復仇者》的主題曲，是日本四人搖滾樂團SUPER BEAVER所演唱的《呼喊你的名字》。

這首歌有這樣一段歌詞：

「呼喊你的名字　傳達你的意義　傳達我們的意義
呼喊我的名字吧　我會去找你　因為這是生命的意義」

聽到這首歌時我為之一震，我覺得姓名的意義全都濃縮在這首歌詞之中了。因為我認為，**所謂的「姓名」正是「生命」**。

所以，對方的名字非常重要，對話時一定要由衷地說出對方的姓名。

例如，打招呼時不只要說「早安」，而是「佐藤，早安！」

請對方先用時不只要說「請用」，而是「鈴木，請用！」

要請教對方事情時不只要說「可以打擾你一下嗎？」，而是「高橋，可以打擾你一下嗎？」

而且，當對方表示意見後，也要記得在回覆時加入對方的名字，例如：「伊藤說的是」、「我很贊同渡邊所說的內容」、「多虧了山本的幫忙」、「中村，真的很感謝你」、「可以跟小林見到面真的很榮幸」等等。

每當我見到姓氏特殊的人，我都會詢問對方姓氏的由來。

「楠木這個姓氏很特別耶，您的祖先難道是楠木正成嗎？」

「山縣的縣這個字比較難寫，請問您是山縣有朋的後代嗎？」

說也奇怪，我猜對的比例還蠻高的。

還有，只要我遇到姓前園、內園、外園的人，我都會問一句：「請問您是鹿兒島出身的嗎？」幾乎所有人都會回答：「沒錯！我就是鹿兒島出身的！」每次都可以藉由名字的話題炒熱氣氛。

以前也曾有人對我這麼說：「桐生這個姓氏聽起來好酷喔，哪像我姓佐藤就到處都是。」

我都會這麼回覆對方：

「佐藤是日本第一大姓耶，簡直是日本第一！超讚的啊！」

當我這麼一說，佐藤就會驚喜地說：

「哇！原來我是日本第一！其實我母親姓平泉，是奧州出身……」

每次只要聊到姓名的話題，幾乎都能準確擊中對方的話匣子，炒熱整個對話的氣氛。

稱呼對方的姓名，就是「證明對方的存在」。

如果打招呼時沒有加上姓名，大家不會知道你究竟是在跟一大群人打招呼，還是只跟某個特定的人打招呼。但如果你說：「加藤，早安！」加藤就一定會注意到你在跟他打招呼。

換句話說，打招呼時加上對方的姓名，正代表著「我認識你這個人」。

對人類而言，人生中最痛苦的事莫過於沒有人記住自己。

所以，藉由稱呼對方的姓名，就可以讓對方感到安心，同時暗示對方：「你現在確確實實身處於這裡沒錯。」

把對方的姓名放在心上，一定可以讓你們之間的關係變得更加強韌緊密。

說話方式的正解

姓名就是生命的本質，所以一定要認真稱呼對方的姓名。

方法 49

先傾聽對方說話的功用是？

在第一章中，我曾提及人類是「一種很想傾訴自己的動物」。

如果想要了解對方「究竟想說什麼？」，就必須先認真傾聽對方的話語，掌握對方的需求。

所以，在大學畢業生參與研習的溝通講座中，一定會先讓大家學習「傾聽的技巧」。

不僅如此，心理諮商師要取得證照前，也要從傾聽開始學起。

「傾聽對方的話語。」

要建立起良好的人際關係，這是最重要的一環。

不過，人生在世總是經常出現這樣的場面：

「喂，你到底有沒有在認真聽？」

「你真的有在聽我說話嗎？」

「你到底要我說幾次一樣的話？」

世上的許多糾紛都是起因於沒有好好聽別人說話。

聆聽別人說話，其實並不是那麼簡單的一件事。

因為就跟對方心裡認為「你只顧著說自己想說的話」一樣，你也對對方抱有同樣的想法。

每個人都「顧著說自己想說的話」，就會產生衝突。

又或者是彼此都對雙方說的話不感興趣，兩個人都「沒有在聽」，就會演變成毫無意義的空虛對話。

正因為如此，如果想要自然而然掌握對話的節奏，就一定要將下列的規則銘記在心。

那就是……

對話的主導權掌握在聆聽者手中。

懂得聆聽對方說話的人，就能掌握對話的主導權。

以下列的對話為例：

「的確是這樣呢！所以你最近幾乎都沒怎麼休息囉？」

上述這句回覆看似是在聆聽對方說話，但決定對話走向的人其實是聆聽者。

還有：

「你喜歡魚類還是肉類呢？」

「你喜歡魚嗎？我也是！」

「這麼說來，附近有家店有賣很新鮮的魚喔，下次我們一定要一起去！」

聆聽者就是像這樣一邊聆聽對方說話，一邊掌握了對話的主導權。

接下來這段對話則是在推銷時經常會聽到：

「〇〇小姐的肌膚真有光澤，您一定非常注意飲食吧？」

「哇！您執行得真是徹底，要執行這麼嚴格的飲食限制，一定很不容易吧？」

業務員就是像這樣聆聽對方說話，慢慢引導對方說出：「其實我的煩惱是……」

再對症下藥建議對方使用適合的產品。

表現出願意傾聽的態度、聆聽、提問、再聆聽、再提問，把對方說的話放在心上。

感覺上好像都是對方在說自己想說的話，但事實上卻是聆聽者決定對話的走向。

所以我們經常聽到這句話：

「溝通達人最厲害的並不是會說話，而是很會引導別人說話。」

聆聽不光只是回答「嗯嗯」這麼簡單。

而是按照自己設定好的方向，引導對方越說越多。

像是知名心理諮商師與輔導師，在諮商的過程中幾乎都是聆聽對方說話，再提出問題而已。

但個案卻會感到喜悅無比：

「今天真是太感謝您了，讓我清楚看見了解決方法！」

諮商師明明什麼都沒說。

說出解決方法的人，其實是個案自己。

優秀的主管也是如此。

找出問題與對策的人都是下屬，主管的職責只是引導下屬思考而已。

所謂**「傾聽對方說話」**，就是**「掌握對話的主導權」**。

而且，能夠做到傾聽對方說話的人，非常值得信任。

因為人類是一種很想說話的動物。

能夠傾聽對方說話的人，可以滿足人的說話慾，可說是極為重要的存在。

本書中提供了好幾種關於聆聽的技巧，只要好好磨練聆聽技巧，絕對可以讓你的說話方式更上一層樓。

說話方式的正解

對話的主導權掌握在聆聽者手中。

方法 50

要怎麼做才能表現出「我正在聆聽你說話」呢？

要怎麼樣才能讓對方感覺到你有在聆聽他說話呢？

我先講結論，那就是**回應時的固定戲碼**。

所謂回應時的固定戲碼，就是聆聽時的反應類型。如果有準備夠豐富的反應類型，就能讓對方感覺到你有在聆聽他說話。

反之，如果每次都是同樣的回應，那麼對方就不會感覺到你有在聽他說話。

試想看看，如果對方說的每一句話，你都用「哦。」來回應。這樣做一定會被討厭，請大家千萬不要嘗試（笑）。

現在，除了「哦。」之外，再加上點頭看看吧！試想看看你一邊說「哦。」或「就是啊！」然後一邊點頭。

比起只用嘴巴說說，再加上動作輔助是不是好多了呢？

不過，回應時的固定戲碼還需要更多才行。

配合對方的說話內容，試著不時改變說話的音調吧！

「哦！」（音調較高）＝嚇了一跳！

「哦。」（音調普通）＝暗示對方你有在聽他說話

「哦～」（音調較低）＝還真是不容易啊！

這麼一來，你給出的回應品質就會變好很多。

如果再加上表情輔助，還可以變得更好。

不時做出驚訝的表情、難過的表情，平時眼睛含著笑意、嘴角稍微上揚，你給人的印象就會好轉。

偶爾也可以故意毫無反應。

因為，在對話中一直表現出如此豐富回應的對象，突然流露出認真的眼神聆聽自己說話，認真的感覺更會倍增。

正如在「方法46」中提到的「反差法則」，因為先前已經在對話中表現出了多樣化的回應，突然表現出毫無反應，更能展現出反差。

在此為大家整理聆聽對方說話時可以表現出的固定戲碼：

❶言語

例　「原來如此」、「的確是這樣」、「這樣啊」。

❷動作

例　輕輕點頭、拍手大笑等動作。

❸音調

例　音調較高、音調普通、音調較低。

❹表情

例　開心、難過等，與對方的情緒產生連結。

❺毫無反應

例　刻意不做出任何反應，營造「留白」也是方法之一。

聽說名廚平時會準備三十種烹飪刀具，這是為了要提供給客人最符合對方胃口的料理。

說話也是一樣，若能準備多樣化的回應戲碼，就可以配合對方的狀態給予最恰當的回應。

如果對方是表情很豐富的人，你不妨也以豐富的表情來回應；如果對方是說話時常帶有動作的人，你也可以用動作來回應對方。

比起在聆聽時只會「點頭」的人，能夠「配合對方狀態分別運用五種方式回應」的人肯定大獲全勝。

只要在對話中運用回應時的固定戲碼，就可以讓你的溝通技巧大幅提升。而對方也能感覺到：「你竟然為我想了這麼多，真的有在聽我說話。」也許對方在當下那瞬間還沒辦法領悟，但事後一定能察覺到：

「跟這個人說完話，心情總是很愉快。」

「跟這個人說話時，不知不覺就全脫口而出了。」

「心裡真是暢快極了。」

即使對話結束後，這樣的感受依然會留在心底。

這就是會令人印象深刻的聆聽方式。
無論是在工作場合或私生活中，請大家一定要試試這次教的回應技巧。

說話方式的正解

配合對方的狀態，改變回應的方式。

第
五
章

遠距時代的說話方式

方法 51
遠距談話時該如何自然地掌握對話節奏？

這幾年來，我們的工作方式被迫產生革命性的轉變。

這都是因為新冠肺炎疫情在全世界肆虐所引起。

在各種限制之下，人們的工作方式也不得不有所改變。

其中，最具代表性的就是「遠距工作」。

而現在，遠距會議、遠距洽談、不需要前往公司就能工作的工作模式，已經成為「工作的新常識」。

儘管這樣的工作模式在一開始也引發了許多不滿：「在遠距條件下很難表達」、「很難溝通」、「很難得知對方的真實狀態」，但現在大多數人都享受著遠距工作所帶來的好處：「不需要通勤」、「可以立即溝通」、「不需要會議空間」等，遠距工作已經成了非常普遍的工作方式。

在這樣的環境下，我們察覺到一個趨勢：

「即使是遠距工作，還是可以做到盡善盡美。」

「遠距工作反而好處更多。」

遠距工作不僅可以讓人工作起來更有效率，還能帶來各式各樣的嶄新想法與創意，我也非常樂見遠距工作的盛行。

不過，隨著遠距工作越來越普及，卻有件事變得越來越淡薄。

那就是**人與人之間的連結**。

新冠疫情掀起了遠距生活的浪潮，使得人與人見面的機會下降，需要實際對話的場合也越來越少，聚會、見面等行為模式更是大幅減少。

與人接觸的機會減少，也就意味著：

「人與人的距離是不是變得越來越遠了呢？」

「站在對方立場思考的情況是否也會越來越少？」

每當想到這一環，我都感到戒慎恐懼。

在疫情爆發之前，許多學員都會向我傾訴「沒辦法與人對話」、「不敢跟人說話」之類的煩惱。

但疫情爆發之後，我卻聽到了更多「不想與人說話」、「感覺不到有說話的必要」等想法。

這樣的改變讓我非常吃驚。

「不敢說話」跟「不想說話」是完全不同層次的煩惱。

「不敢說話」還好，畢竟還是有想說話的念頭。

但「不想說話」就隱含著想要斬斷與人交流的念頭了。

說實話，「不想說話」的心境我也不是不能了解。

「自從進入現在的公司後，從來沒有踏進公司一步，完全是遠距工作。」

「我沒見過所有客戶的長相，因為大家一直戴著口罩。」

在這種情況下，人與人之間的連結日漸淡薄也是無可奈何。

可是我想說一句話：

「不想與人說話的人，就無法體會到與人交往、切磋琢磨、共同成長的喜悅。」

不僅如此，我還認為：「正因為我們處於這樣的時代環境，更要積極與人往來。」

以往我們認定的「說話」，就好比電視或平面廣告一樣，是屬於單方面的傳達，也許用「播放」來形容會比較恰當。

從今以後不再是這樣了。

必須讓說話從「播放」轉變為**「交流」**才行。

先想像彼此想說的話語及想法，在這個前提下進行對話交流。

然後彼此分擔對方的思慮。

我認為這才是溝通的真諦。

正因為我們現在身處於容易讓人際關係日漸淡薄的遠距環境，我希望大家更有意識地與別人密切交流、溝通。

無論是對主管報告、在會議中發表時也一樣；在大家面前做簡報、與客戶洽談時也是如此。

在無足輕重的閒聊時更是如此。

「正確答案就在對方的腦海之中。」

只要能想到這一點，就可以先停下來，站在對方的立場來思考。

遠距環境下也是一樣。

「就像是呼吸般自然，想像對方的腦海。」

這正是自然而然掌握對話節奏的不二訣竅。

今後，遠距溝通的技術一定還會更加進步。

使用遠距的方式應該也會日新月異。

遠距時代的說話方式，「想像對方的腦海」依然是萬變不離其宗的溝通真諦。

那麼，實際上究竟該意識到哪些事物呢？請大家參考接下來的方法。

說話方式的正解

說話方式的正解 依然還是存在於對方的腦海中。

方法

52

遠距談話時很難聊工作以外的話題，該怎麼辦？

「自從開始遠距工作後，對話量就銳減了。」

我真的經常聽到大家告訴我這句話。

為什麼自從開始遠距工作後，對話就減少了呢？

請大家試著想像自己以往進公司後的日常。

一進到公司裡，就能輕鬆地和隔壁同事開始說話。走到會議室的途中會與同事閒聊幾句，與同事一起享用午餐時也能聊些無足輕重的話題，只要實際進公司，就會有許多機會可以和別人對話。

不過，遠距工作就沒辦法了。

不僅如此，在遠距環境下更難以判斷對方的表情、情緒與反應，不免會讓人擔心：「我可以講這些嗎？」

甚至會讓人想盡量避免講太多不必要的話。

此外，也有很多人告訴我：「在遠距環境下，很難開口聊工作以外的事……」對話絕對是人際關係的潤滑油。

而且對話還會影響到一個人的精神情況，真的非常重要。

E-YASU公司曾在二〇二〇年十二月進行一份關於「遠距工作員工與健康管理」的問卷調查，其中針對回答「因為遠距工作導致對話、閒聊減少」的人，詢問「減少對話、閒聊所帶來的影響是？」很多人都回答：

「感到不安的時刻變多了。」

「寂寞感增加。」

「感覺越來越孤獨。」

上述的回答當中，最令我擔心的是「孤獨感」。孤獨感是人類最應該避免產生的感受。

正因為如此，擅長對話的人在這世界上真的非常珍貴，不僅可以拯救陷入孤獨的人，還能為孤獨者帶來同伴。

希望你可以成為擅長對話的專家。

該怎麼做才能成為擅長對話的人呢？

可以順利與人展開對話的方法就是○○。

你覺得○○是什麼呢**？**

在你身邊，有沒有那種一跟他說話就停不下來的人**？**

這種人最擅長的就是藉由○○讓對方站在鎂光燈下成為焦點。

○○究竟是什麼呢**？**

不好意思，賣關子太久了（笑）。

答案是什麼呢？沒錯，就是**詢問**。

人類一旦被問問題，就會想要回答。

在前一段話當中，我刻意使用了三個「**？**」。

而且刻意加粗了「？」的字體。

當我提出詢問時，大家是不是就會去思考「○○究竟是什麼」呢？

這個技巧在遠距會議時也適合派上用場。

平常不擅長展開對話的人，應該常會遇到這樣的場景：

「今天也很熱呢！」↓「就是啊！」（沉默……）↓「那就趕緊開始開會吧。」

但如果是擅長對話的人，就會提出能讓對方站在鎂光燈下的問題。

「今天也很熱呢！」＋「你的身體還好嗎？」

聽到問題就會想要回答，這是人類大腦的機制。有了這樣的提問，就可以順利開啟對話了。

「田中，今天也要麻煩你多多關照了。」＋「昨天你是不是工作到很晚啊？」

「課長，早安！」＋「您今天的會議好像也排得很滿吧？」

沒有人會無視這樣的提問，聽到了一定會想多少回答些什麼。

在與客戶遠距洽談時，也可以提出類似的問題。

「今天要請您多多關照。」＋「您最近經常遠距工作嗎？」

「○○您總是很早就起來做事了呢！」＋「您平常是幾點開始工作的呢？」

「真的非常感謝您提供諮詢！」＋「話説回來，為什麼這次是您提供諮詢呢？」

利用這樣的提問，就能順利展開彼此之間的對話。

一開始要先跟對方打聲招呼。

「打招呼」＋**「提出能讓對方站在鎂光燈下的問題」**

這樣的模式能營造出展開對話的契機，經過反覆練習後，便能讓人越來越熟悉提問的技巧。

接下來，就可以在自己也沒意識到的情況下不斷提出好問題了。

「打招呼」＋**「一個提問」**

在遠距時代中，最不可欠缺的就是能利用提問讓對方在對話中成為主角的人。

提問力就是連結你與對方最重要的力量。

請大家一定要多多磨練提升提問的能力。

說話方式的正解

「打招呼」＋「提出能讓對方站在鎂光燈下的問題」，就是展開對話的契機。

方法

53

遠距會議時的氣氛很沉重，該怎麼辦？

請你試著想像一下。

有五個同部門的同事正要開遠距會議。

大家都陸續上線了，有人將麥克風關靜音、有人關閉鏡頭、有人對著電腦不停工作，每個人都不發一語。

接著，到了表定的會議開始時間。

會議主持人說：「現在就開始會議吧！」

你覺得在這種狀況下開始的會議，氣氛會怎麼樣呢？

這種情況下，應該不可能一開始就你一言我一語，開始滔滔不絕地討論吧！開始時的氣氛如此沉重，整場會議應該會瀰漫著肅殺之氣。

我提的這個例子並不是一個極端的例子，而是實際發生的遠距會議。

尤其是在大企業工作的人，特別常這樣告訴我：

「我們公司的遠距會議氣氛總是很肅殺。」

「遠距會議的氣氛很沉重，也沒什麼人發言。」

話說回來，本來就是在溫馨氣氛中開始的會議，才能讓人自由表達意見、進行討論。

那為什麼遠距會議會以如此沉重的氣氛揭開序幕呢？

因為遠距會議跟平常進行會議的方式不一樣。

現在，請你試著想像一下平常面對面開會時的場景。

一開始進到會議室時，大家都會彼此寒暄「請多多指教」。

我想應該不會有人從頭到尾一語不發，也不會有人遮住臉龐進入會議室，更不可能有人一踏進會議室，就打開自己的筆電自顧自地突然開始工作。

但在遠距會議時，就算已經連進會議畫面，每個人都還是可以保持沉默、把麥克風關靜音、關掉鏡頭不露臉。

當然有些人可能是有難言之隱，不得不這麼做。

但在遠距會議時，有很多人都會擔心：「現在適合跟別人搭話嗎？」、「對方聽得到嗎？」、「要是我主動找他說話卻被無視，感覺會很討厭……」到頭來誰也不說一句話，就這樣在沉重的氣氛下開始會議，這已經是常態了。

如果是五個人面對面的會議，會議開始前絕對不會有大家不發一語，沉默地坐在位置上等待的這種事發生。

會議開始前，一定會有人說些什麼話題。

在遠距會議中，也必須有人積極地扮演這個角色。

換句話說，就是擔任會議的主持人。站在主持立場的人，是最能夠掌控遠距會議的人。

現在，讓我們回到一開頭所說的遠距會議場景吧！

有五個同部門的同事正要開遠距會議。

大家都陸續上線了。

主持人這時候可以說：

「鈴木，今天要麻煩你多多指教了。前陣子真的很感謝你的幫忙！」

「哦！佐藤，好久不見了！你看起來很有精神，真是太好了。」

「高木，感謝你在百忙之中抽空參加這場會議。你現在該不會還在出差的外地吧？」

「山田部長，昨天忙到很晚真是辛苦您了。今天也要請您多多指教。」

此時要先向大家打聲招呼，劃破寂靜的聊天室。

然後再稍微說點話，例如：

「大家好，最近天氣漸漸變冷了，大家的身體都還好嗎？」

「寒冷會對身體帶來很嚴重的影響，請大家一定要注意保暖喔！」

「現在就開始會議吧！」

請大家跟剛剛的場景比較看看。

最後說的都是同一句「現在就開始會議吧！」，但會議開始時的氣氛肯定跟剛才截然不同。

雖然只是短短兩三分鐘的對話，但只要在會議開始前稍微跟別人對話幾句，就能營造出一兩句笑聲。

人類一旦露出笑臉，就能對臉部的表情肌肉帶來刺激，同時對大腦發送積極的信號，讓人產生正向的良好情緒。在笑容中展開的會議，激盪出創意構想的機率肯定比較高。

在遠距會議中，有很多人會做出平時面對面決不會做的事。

正因為如此，遠距會議主持人的角色比實體會議更重要。

只要在遠距會議開始前，進行短短幾分鐘的對話，就可以達到溝通的目的，還能帶動之後熱烈討論的氣氛，好處多多，不這麼做就太可惜了。

如果你有機會在遠距會議擔任主持人角色，請一定要試著在會議開始時積極地向大家打聲招呼！

說話方式的正解

會議主持人角色要在會議開始前營造出溫馨的氛圍。

方法 54

遠距會議中很難進行簡報，該怎麼辦？

我想，應該有很多人覺得，在遠距會議中很難進行簡報吧？

遠距會議的確容易讓人注意力渙散，而且講者也很難掌握其他人是否聽懂了自己的報告，又或許是已經聽得不耐煩了。

究竟該怎麼做才能在遠距會議簡報時，讓聽眾動起來呢？

無論面對任何問題，原點都要回歸到**站在對方的立場來思考**。

通常大家都會說，在遠距會議中的簡報要做到下列幾點：

「要賣力演出，讓大家不至於不耐煩。」

「投影片要下功夫。」

「說話時要高潮迭起。」

有各式各樣的建議，不過，其實跟面對面的實體簡報一樣，這些都不是本質上的正確答案。

我們公司自從二〇二〇年新冠肺炎疫情爆發後，至今已經執行超過二千次的遠距講座與研討會，也指導非常多學員遠距會議時的簡報技巧。

根據我們豐富的經驗，我現在就要告訴大家本質上的正確答案。

站在一百人面前做簡報的示意圖

假設你現在要站在一百個人面前做簡報。

可以想像成本頁插圖的畫面。

你面對著眼前的一百個人，偶爾看向坐在最前面的人，時不時也望向坐後方的人，將視線觸及到每一個人，盡可能把自己想表達的事物傳遞給越多人越好。

那麼，場景轉換成線上會議時又該怎麼做呢？

在開線上會議時，每個人都像是坐在

在線上聽取簡報的示意圖

貴賓席一樣。所謂的貴賓席就是在欣賞戲劇表演、音樂會、比賽或演講時的第一排座位。

這一百位聽眾都像是上圖一樣，在眼前近距離盯著講者。

換句話說，在線上會議做簡報時，就如同是**跟一百人分別一對一對話**一樣。

感覺就像是前往Mr. Children的演唱會時，櫻井和壽就在自己眼前唱歌一樣。

在遠距會議中，「所有人都在眼前聆聽自己的發言」。

當我思考要怎麼運用這個優勢時，腦海中浮現出了這個想法：

「最好要像是真的在跟眼前的人說話時一樣的態度，與每個人對話。」

雖然並不是真正的面對面對話，但希望大家可以像是在跟眼前的人對話一樣，做簡報時偶爾也問問大家這樣的問題：

「不知道你有沒有曾經為此煩惱的經驗呢？」

「這項產品可以解決你的煩惱。」

「不過，你應該也有遇過這種問題吧？」

「請放心，這種時候可以這樣處理。」

「只不過，有時候也可能面臨這種困境。」

「這種時候我會幫你一起解決。」

雖然實際上聽眾不可能回答這些問題，但只要在話語中加入「疑問句」，就能營造出一種講者與聽眾正在對話般的感覺。

線上簡報就是要以「**對話的方式**」進行。

也就是說，講者要代替聽眾說出他們的心情，再針對聽眾可能會提出的問題做出答覆，營造出宛如是在對話般的互動氛圍。

因為無論如何，所有聽眾都正在自己的眼前。

即使簡報內容比較嚴肅也一樣。

「明年起，稅制即將有所變更。」

「大家是不是會覺得，稅制改變聽起來很麻煩呢……」

「不過，我仔細研究過後，發現其實這次的稅制變更對大家是非常有利的。」

「依照每個人的情況不同，稅率可能會大幅降低。」

「不過，應該有些人一聽到稅率或數字就頭大吧！」

「所以這次我要利用五分鐘整理重點，讓大家一聽就懂。」

即使是在遠距會議中面對一百個人說話，也可以像是這樣讓人感覺到你彷彿就在身邊，一起產生共鳴，彷彿就像是近在眼前般周到地說明。

所謂的遠距就是距離很遠的意思；明明距離遙遠，卻不會讓人覺得有所隔閡。

這就是遠距工作模式的厲害之處。

即使是遠距會議，也可以盡可能縮短與對方的距離。

請大家一定要試試看以對話的方式進行簡報，讓大家如沐春風地聆聽你親切的簡報吧！

說話方式的正解

以對話式簡報，縮短與對方的距離。

方法55 遠距工作時，該如何加深與主管及下屬的情誼？

近年來，越來越多公司都引進了一對一面談的制度。

所謂的一對一面談（1 on 1 meeting）指的是主管與下屬進行一對一的談話。

根據RECRUIT MANAGEMENT SOLUTIONS公司所做的調查指出，在員工規模超過三千人的公司中，有百分之七十五．七的公司都引進了一對一面談的制度。

為什麼一對一面談的制度會如此急速擴增呢？

一般認為這也是受到了遠距工作模式的影響所導致。

當越來越多人採用遠距工作模式，人與人之間對話的機會自然會變少，主管與下屬的情誼也會日漸薄弱。

為了解決這個問題，許多公司都決定定期召開一對一面談，藉此強化公司內部的情誼。不過，一旦開始這麼做之後，也暴露出許多問題。

站在主管的立場來看，有些人會擔心：「不知道要跟下屬說些什麼才好」、「我可以問這麼深入的問題嗎？」

若是站在下屬的角度，有些人也會覺得不悅：「為什麼要在這種事情上花這麼多時間」、「連我的隱私也要問，不會太超過了嗎？」

沒錯，要是主管突然說要跟自己「一對一聊聊」，下屬當然會懷疑「自己是不是做錯了什麼……」。此外，突然硬生生湊出一段一對一的時間，彼此當然也會尷尬地不知所措。

所以，一定要在一對一面談開始之前，先確實告訴對方一對一面談的目的，讓彼此形成共識。

▼▼▼最想聽到的三句話

現在我要問大家一個問題。你知道你的下屬或主管**最想聽到的三句話**、以及**最不想聽到的三句話**嗎？

以我自己為例：

❶可以聽到別人對我說「你真的很可靠」。

❷你充分發揮想像力，並且搶先一步行動。

❸你告訴了我原本不知道的資訊。

▼▼▼最不想聽到的三句話

❶每次都遲交工作。

❷遲交時還一副無所謂的樣子。

❸甚至還不想辦法解決遲交的問題。

若能聽到我最想聽到的三句話，我會覺得歡欣無比；若是最不想聽到的三句話，則會讓我悲傷難過。

我想你心裡應該也會有一聽到就開心，或一聽到就難過的事吧！

▼▼▼讓自己喜悅的事

例　「受到稱讚」、「受到期待」、「受到體貼的對待」。

▼▼▼讓自己悲傷的事

例 「受到輕視」、「不被認可」、「受到忽視」。

我現在要再問你一次。

你知道你的下屬或主管「最想聽到／最不想聽到的三句話」是什麼嗎？

你心裡所想的答案，真的跟對方的想法一致嗎？

要是你現在感到揣揣不安，請放心吧！

就算是有信心知道答案的人，也幾乎沒有人真的能答對。

當我在研討會上詢問大家這個問題時，幾乎所有的人都寫不出來。

即便是有寫的人，也只能寫出一個回答而已。

而且答案幾乎都是錯的。

在研討會上，我會先說：「預備，起！」再請每位學員把答案寫在紙上，結果幾乎所有人都答錯，「怎麼會這樣……」的慘叫聲此起彼落，感覺就像是在玩遊戲一樣，大家的情緒都很高昂。

參與研討會的學員們都異口同聲地表示：

「沒想到我們這麼不了解彼此啊……」

其實，我們真的很不了解身旁的人會為了什麼事情而感到「喜悅」與「悲傷」。

現在重新回到一對一面談的話題。

每間公司進行一對一面談的目的皆不相同，唯有「鞏固強化主管與下屬的情誼」這一點是所有公司都想達到的目標。

若希望強化人與人之間的情誼，我們每個人在小學裡都曾學過的常識，不就是最大指導原則嗎？

做對方希望自己做的事。
不做對方不希望自己做的事。

我認為這就是跟別人往來時最重要的前提。

有一次當我對學員這麼說時，有一位身為主管的學員這麼問我：

「我的下屬在『不希望我做的事』的項目上寫『被斥責』，難道這代表我不可以發火罵人嗎？」

如果要符合下屬的期望，就會變成下屬即使遲到、做錯事，也都不可以發火罵人了。

站在主管的立場來看，這真是一個大哉問。

當下我回答那位主管：「為什麼他不喜歡您發火罵人呢？請您直接問問看那位下屬吧！」

因為，只要仔細抽絲剝繭「不喜歡被斥責」的原因，就會發現其實是因為對方不希望被「單方面指責」、「不分青紅皂白地斥責」。

也就是說，對方真正希望的並不是「不被斥責」，而是希望主管「願意聽他說話」。

若能深入了解到這一層，雙方便能建立起更進一步的情誼。

在強化主管與下屬情誼時，請大家一定要試著彼此揭露自己**「最想聽到的三句話」**與**「最不想聽到的三句話」**。

其中一定會出現令對方直呼「真的嗎？」的內容。

而且也能讓彼此反省：

「原來我沒有做到他希望我做的事……」、「我竟然做了這麼多他不希望我做的事……」

最重要的是，從現在起努力了解對方吧！

終於到了本書的尾聲。

人類具備彼此培養感情的能力。

互相想像對方的腦海，就能將這項能力發揮到最大值。

在本書的最後，我由衷盼望可以「與你一起帶著下定決心的意志，共同邁向琢磨溝通技巧的每一天」。

誠摯地感謝大家閱讀到最後。

我衷心相信你及你周遭每個人的人生，往後都會持續閃閃發光，越來越耀眼動人。

說話方式的正解

互相想像對方的腦海，培養彼此之間的感情。

結語

你曾想像過，未來我們會身處於什麼樣的世界嗎？

我出社會已經二十年了，這段時間以來這個世界真的產生了極大的轉變。

當年我找工作時，網路正席捲全世界。

那是一個被稱為資訊革命的年代。

另一方面，當時不只掀起了資訊革命，同時也是日本歷史、文化等傳統重新被重視的年代。

接著來到了提倡個人主義的時代，此時也生出了「網紅」一詞。

而後又有了「粉絲」（Follower）一詞出現。

現在已經進入了團隊合作的時代。

時代會順應著當下的趨勢，就像是鐘擺一樣總是來回擺盪。

革命↔傳統
個人主義↔團隊合作

接下來，時代又會朝向哪個方向前進呢？

我認為接下來會進入革命與個人主義的時代。

而且是與以往截然不同的「超革命」與「超個人主義」時代。

以後應該也會因為遠距化、機器人化、ＡＩ化等因素，陸續掀起各式各樣的革命吧！

現在也是被稱作WEB 3.0的時代，每一個自律的個體平時是分散的狀態，有需要時再彼此產生連結，像這樣以個人為主軸的時代已經來臨了。

有新事物的誕生，是非常美好的一件事。

如果自己一個人就可以無所不能，也許這就是最好的狀態了吧！

不過，當個人主義越是興盛，越會產生這些問題：

「不想跟人說話、對別人毫無興趣、只想自己一個人獨處，這樣的人只會越來越多……」

「再這樣下去，人與人之間的情誼，將會毀滅性地越來越疏離……」

我認為這是非常嚴重的問題。

所以我才會動筆寫下這本書。

希望大家可以透過本書，多少體會到一些跟別人對話的樂趣。

我由衷盼望大家可以藉由溝通，建構起豐富的人際關係。

當我在日本全國各地指導溝通技巧的過程中，我產生了一個想法。

「邂逅是人生的全部。」

一個人會學習到什麼、經歷什麼樣的成長、活過什麼樣的人生，全都是起因於「邂逅」。我由衷這麼認為。

我想，你身邊應該也有這樣的人存在：

「因為有他，才會有現在的我。」

正因為希望製造出更多這樣的邂逅，希望每個人都能成為別人不可或缺的存在，我才會起心經營「表達說話術」的學校。

有一句我很喜歡的話是這樣說的：

「一個人走得快，一群人走得遠。」

我希望能和大家一起攜手同行。

由衷盼望能和你一起，跟身邊的人一起同心協力，開創出幸福的人生。

真的非常感謝大家閱讀到最後。

桐生稔

ideaman 162

一開口，就把話說到對方心坎上的55個方法

原著書名——話し方の正解 誰とでもうまくいく人の55のルール
原出版社——株式会社かんき出版
作者——桐生稔
譯者——林慧雯

企劃選書——劉枚瑛
責任編輯——劉枚瑛
版權——吳亭儀、江欣瑜、林易萱
行銷業務——周佑潔、賴玉嵐、賴正祐

總編輯——何宜珍
總經理——彭之琬
事業群總經理——黃淑貞
發行人——何飛鵬
法律顧問——元禾法律事務所 王子文律師
出版——商周出版
台北市南港區昆陽街16號4樓
電話：(02) 2500-7008 傳真：(02) 2500-7759
E-mail：bwp.service@cite.com.tw
Blog：http://bwp25007008.pixnet.net./blog
發行——英屬蓋曼群島商家庭傳媒股份有限公司城邦分公司
台北市南港區昆陽街16號8樓
書虫客服專線：(02)2500-7718、(02) 2500-7719
服務時間：週一至週五上午09:30-12:00；下午13:30-17:00
24小時傳真專線：(02) 2500-1990；(02) 2500-1991
劃撥帳號：19863813 戶名：書虫股份有限公司
讀者服務信箱：service@readingclub.com.tw
城邦讀書花園：www.cite.com.tw
香港發行所——城邦(香港)出版集團有限公司
香港九龍土瓜灣土瓜灣道86號順聯工業大廈6樓A室
電話：(852) 25086231 傳真：(852) 25789337
E-mailL：hkcite@biznetvigator.com
馬新發行所——城邦(馬新)出版集團【Cité (M) Sdn. Bhd】
41, Jalan Radin Anum, Bandar Baru Sri Petaling,
57000 Kuala Lumpur, Malaysia.
電話：(603)90563833 傳真：(603)90576622
E-mail：services@cite.my

美術設計——copy
印刷——卡樂彩色製版有限公司
經銷商——聯合發行股份有限公司 電話：(02)2917-8022 傳真：(02)2911-0053

2024年1月4日初版
2024年7月4日初版2刷
定價390元 Printed in Taiwan 著作權所有，翻印必究
ISBN 978-626-318-950-8
ISBN 978-626-318-946-1（EPUB）

城邦讀書花園 www.cite.com.tw

國家圖書館出版品預行編目(CIP)資料

一開口，就把話說到對方心坎上的55個方法/桐生稔著；林慧雯譯. -- 初版. -- 臺北市：商周出版：
英屬蓋曼群島商家庭傳媒股份有限公司城邦分公司發行, 2024.01 328面；14.8×21公分. -- (ideaman；162)
譯自：話し方の正解：誰とでもうまくいく人の55のルール ISBN 978-626-318-950-8(平裝)
1. CST：傳播心理學 2. CST：溝通技巧 3. CST：人際關係 177.1 112019270

廣	告	回	函
北區郵政管理登記證			
台北廣字第000791號			
郵資已付，免貼郵票			

104台北市民生東路二段 141 號 B1

英屬蓋曼群島商家庭傳媒股份有限公司

城邦分公司

請沿虛線對摺，謝謝！

書號:BI7162　**書名**：一開口，就把話說到對方心坎上的55個方法　**編碼**:

請於此處用膠水黏貼

商周出版

讀者回函卡

感謝您購買我們出版的書籍！請費心填寫此回函卡，我們將不定期寄上城邦集團最新的出版訊息。

線上版讀者回函卡

姓名：＿＿＿＿＿＿＿＿＿＿ 性別：☐男 ☐女

生日：西元＿＿＿＿＿年＿＿＿＿＿月＿＿＿＿＿日

地址：＿＿＿＿＿＿＿＿＿＿

聯絡電話：＿＿＿＿＿＿＿＿ 傳真：＿＿＿＿＿＿＿＿

E-mail ：

學歷：☐ 1. 小學 ☐ 2. 國中 ☐ 3. 高中 ☐ 4. 大學 ☐ 5. 研究所以上

職業：☐ 1. 學生 ☐ 2. 軍公教 ☐ 3. 服務 ☐ 4. 金融 ☐ 5. 製造 ☐ 6. 資訊
☐ 7. 傳播 ☐ 8. 自由業 ☐ 9. 農漁牧 ☐ 10. 家管 ☐ 11. 退休
☐ 12. 其他＿＿＿＿＿＿＿＿

您從何種方式得知本書消息？

☐ 1. 書店 ☐ 2. 網路 ☐ 3. 報紙 ☐ 4. 雜誌 ☐ 5. 廣播 ☐ 6. 電視
☐ 7. 親友推薦 ☐ 8. 其他＿＿＿＿＿＿＿＿

您通常以何種方式購書？

☐ 1. 書店 ☐ 2. 網路 ☐ 3. 傳真訂購 ☐ 4. 郵局劃撥 ☐ 5. 其他＿＿＿＿

您喜歡閱讀那些類別的書籍？

☐ 1. 財經商業 ☐ 2. 自然科學 ☐ 3. 歷史 ☐ 4. 法律 ☐ 5. 文學
☐ 6. 休閒旅遊 ☐ 7. 小說 ☐ 8. 人物傳記 ☐ 9. 生活、勵志 ☐ 10. 其他

對我們的建議：＿＿＿＿＿＿＿＿＿＿

請於此處用膠水黏貼

Idea man

Idea man